KAISERSTÄDTE
AN MAIN UND DONAU

Bernd Meyer

4

Kaiser Karl IV. 1378 in einer Sänfte – eine der nicht sehr häufigen authentischen Darstellungen reisender Fürstlichkeiten (aus den »Grandes Chroniques de France«). – Rechts: Wirtshausschild »Kreuzfahrertaverne« in Regensburg.

Was man heute mit dem Auto in überschaubarer Stundenzahl erreicht – ein Ziel in ein paar hundert Kilometer Entfernung –, dafür war man früher mehrere Wochen unter-

wegs. Tagesdurchschnitt: 30 Kilometer. Lediglich auf den Flüssen ging es meistens schneller. Doch selbst Kaiser und Könige mußten die Unbill solchen strapaziösen Reisens auf sich nehmen.

Seit der Mensch existiert, ist er unterwegs. Er war Reisender, noch ehe er ins Licht der Geschichte trat. Die Straße ist eine seiner frühesten zivilisatorischen Errungenschaften. Straßenbaumeister Europas waren die Römer. Sie legten bis in alle Winkel ihres Imperiums ein Netz von Verkehrsverbindungen, deren heute noch vorhandene Reste als technische Meisterleistungen Respekt und Bewunderung hervorrufen.

Auch die Herrscher, die das römische Erbe antraten, waren auf gute Straßen angewiesen, wenn sie ihre Reiche regieren und vergrößern wollten. Straßen wurden zu einer wichtigen Quelle für Einkommen und Wohlstand. An Kreuzungen mehrerer Heer- oder Handelsstraßen blühten die Städte auf. Zoll- und Fährrechte wurden zu willkommenen Einnahmen. Zahlreiche Verordnungen und Bestimmungen regelten Handel, Warenumschlag, Transport und Verkehr.

Die großen Fernstraßen standen unter besonderem Schutz des Königs oder Kaisers. Landesherren hatten Geleitrechte und -pflichten. Im Jahr 1235 erließ Kaiser Friedrich II. auf dem Reichstag zu Mainz ein Landfriedensgesetz, das Sicherheit und Abgaben auf den Straßen des Reiches sichern sollte.

450 Jahre zuvor stützte sich die Reichspolitik Karls des Großen stark auf das vorhandene römische Stra-

BESCHWERLICHE ROUTE VON FRANKFURT NACH WIEN

ßensystem. Auch die von den Römern überlieferten Rasthäuser an den Straßen ließ er wiedererrichten. Diese »Hospize« besaßen Speise- und Schlafräume, Trinkstuben und Bierlager, ja sogar, wenn sie von Klöstern unterhalten wurden, Bibliotheken.

Waren sehr mobil: die Könige im Mittelalter

Die Könige und Kaiser des Mittelalters waren fast ständig unterwegs – nicht nur auf Kriegszügen, sondern um zivile Angelegenheiten ihrer Herrschaft zu regeln. Vor allem nach den Ausstellungsorten und -daten zahlreicher Rechtsurkunden lassen sich die Wege dieses »Reisekönigtums« verfolgen, das im wesentlichen immer die gleichen Straßen benutzte, denn so war durch hier liegende Königsgüter oder Klöster die Versorgung des reisenden Hofstaats gesichert.

So wagte man sich im 15. Jahrhundert auf die Donau. Und das war immer noch bequemer als zu Pferde auf der Straße. Die Abbildung stammt von einem Babenberger Stammbaum, der sich in Klosterneuburg befindet.

Für Karl den Großen war der Main eine der wichtigsten Verkehrsadern des Reiches. Mit der zunehmend wichtiger werdenden Rolle Regensburgs für seine Ostpolitik gewann auch die Verbindung vom Maingebiet nach Südosten an Bedeutung. Dieser Weg führte von Bamberg über Fürth und Nürnberg in die Flußtäler des Fränkischen Jura bis zur Donau. Er wurde zur festen, regelmäßig in Anspruch genommenen Reiseroute der Karolinger zwischen Frankfurt und Regensburg, die auch Karls Nachfolger benutzten. Vor allem in der Regierungszeit Ludwigs des Deutschen kann diese Straße als eine der wichtigsten Königsstraßen des Reiches bezeichnet werden. Neben den festen Straßen spielten die schiffbaren Flüsse eine bedeutende Rolle beim Transport von Menschen und Waren; auch für den König, und vor allem dann, wenn eine Fahrt flußab größere Tagesreisen ermöglichte, die zu Lande in der Regel nicht mehr als 30 Kilometer betrugen.

Welche Bedeutung Karl der Große den Wasserwegen beimaß, zeigt sein Plan, die Flußsysteme des Mains und der Donau an der Wasserscheide zwischen Rezat und Altmühl durch einen Kanal zu verbinden. Erst im 19. Jahrhundert hat König Ludwig I. von Bayern den Plan verwirklicht. Deshalb bewegen wir uns auch auf diesem Abschnitt auf historischen Spuren, wenn wir zwischen Nürnberg und Regensburg dem neuen Rhein-Main-Donau-Kanal folgen. (Mehr darüber ab Seite 51.)

Während zwischen Main und Donau über Land verschiedene Fernstraßen entstanden, die auch von den Kaisern und Königen benutzt wurden, behielten die beiden Flüsse ihre Bedeutung als Verkehrswege bis in die Neuzeit.

Die Donau, die schon Karl dem Großen als »Heerstraße« im Krieg gegen die Awaren gedient hatte, benutzt Friedrich I. Barbarossa auf seinem Kreuzzug in das Heilige Land. 1189 versammelt er – wie schon vorher Konrad III. 1147 – das Kreuzfahrerheer vor den Toren Regensburgs, um sich auf der Donau einzuschiffen.

Zwischen Frankfurt und Wien: das Herzland des Alten Reichs

1438 gewinnen mit Albrecht II. die österreichischen Habsburger den Kaiserthron, den sie mit einer Ausnahme bis zum Ende des Alten Reiches 1806 behalten sollten. Seit Erlaß der »Goldenen Bulle« durch Kaiser Karl IV. im Jahre 1356 ist Frankfurt offiziell Stadt der deutschen Königswahlen. Zwischen 1562 und 1792 werden zehn Habsburger in Frankfurt gekrönt. Die

Wo hohe Herrschaften ständig »auf Achse« waren, mußte für angemessene Unterkunft gesorgt werden. So gab es an vielbenutzten Verkehrswegen bedeutende Herbergen – wie den nachweislich alten »Riesen« in Miltenberg.

Im vorigen Jahrhundert entstand diese Darstellung von Kaiser Karl dem Großen, die im Kaisersaal des Frankfurter Rathauses zu sehen ist. Der Kaiser war viel auf dem Main und bis nach Regensburg unterwegs und wollte sogar einen Kanal bauen.

»Goldene Bulle« hatte auch bestimmt, daß der erste Hoftag in Nürnberg abzuhalten sei. Viele der weiteren Reichs- und Fürstentage wurden nach Regensburg einberufen, weil die Stadt dank der Reisemöglichkeiten auf der Donau für den Wiener Hof besonders verkehrsgünstig lag. Von 1663 bis 1803 blieb der Reichstag kontinuierlich in Regensburg, er wurde zum »Immerwährenden Reichstag«.
Auf diese Weise entwickelte sich unter der Herrschaft der Habsburger ein lebhafter kaiserlicher Reiseverkehr zwischen Wien, Regensburg, Nürnberg und Frankfurt, der an vielen Orten bis heute seine Spuren hinterlassen hat: Kaiser- und Fürstenherbergen, in denen die Herrscher abgestiegen sind, Kaisersäle und Appartements in Residenzen, Schlösser und Kirchen, Sagen, Anekdoten und Berichte in alten Ortschroniken und Bilder sowie Erinnerungsstücke in den Museen.

Einstmals gab es keine Vergnügungsreisen

Wir sind heute gewöhnt, mit allem Komfort zu reisen, bequem mit dem Auto oder der Eisenbahn zu fahren, und wir stellen Ansprüche für die Nacht, die uns ein bemühtes Fremdenverkehrsgewerbe (meist) auch erfüllt. Reisen zu Fuß gelten als Abenteuer, und nur eine Fahrradtour vermittelt Eindrücke, die vielleicht am ehesten einer früheren Reise zu Pferd gleichzusetzen ist. Vor allem aber – wir reisen heute oft nur zum Vergnügen. Solche Vergnügungsreisen sind eine späte Erfindung des 19. Jahrhunderts.
Im Mittelalter reiste man nicht zum Spaß, dafür war es viel zu unbequem – und oft auch gefährlich –, unterwegs zu sein. Dennoch waren in alter Zeit erstaunlich viele auf Reisen: Pilger, die ein Gelübde erfüllten, Händler und Fuhrleute, Handwerker und Künstler auf der Suche nach Arbeit und mit der Absicht zu lernen, Gelehrte und Studenten, Sänger, die von Hof zu Hof zogen, Boten zu Fuß und zu Pferd, Bauern auf dem Weg in die

Stadt, Fürsten, die ihre oft weit verstreuten Territorien besuchten, Kaiser und Könige in Geschäften des Reiches – und immer wieder kriegerische Heere und Haufen, die, ob Freund oder Feind, nichts als Furcht und Schrecken verbreiteten.
Immer wieder gab es Zeiten, in denen fast so viele Räuber und zwielichtige Gestalten wie Reisende unterwegs waren. Nicht einmal in den Herbergen war man sicher vor Raub oder Mord. Das berühmt-berüchtigte Wirtshaus im Spessart war beileibe keine Ausnahme. Wer die Möglichkeit hatte, schloß sich einem Kaufmanns- oder herrschaftlichen Geleitzug an. Im Schutz der bewaffneten Troßknechte fühlte man sich einigermaßen sicher. Vor allem im ausgehenden Mittelalter, als sich viele verarmte Ritter nur durch Raubzüge im Umkreis ihrer Burgen über Wasser halten konnten, mußte so ein bewaffneter Geleitzug stattliche Größe haben. Selbst der Kaiser brauchte ihn.

Man reiste zu Pferde, in Sänften und auf Wagen

Wenn er von Pfalz zu Pfalz zog, war er von einem großen Hofstaat begleitet, zu dem die Geistlichkeit ebenso wie die Beamten und natürlich die adeligen Hofdamen gehörten. Die Herrschaften reisten zu Pferd, in Sänften und Wagen. Truhen und Schränke verwahrten nicht nur das Reisegepäck, sondern dienten auch dazu, den jeweiligen Aufenthaltsort wohnlich einzurichten – geradezu eine Herausforderung an heruntergekommene, aber schwerbewaffnete Wegelagerer, sich zu bedienen. Eine weitere Erschwernis bedeutete der oft verheerende Straßenzustand, der manche Wege bei schlechter Witterung fast unpassierbar machte.
Da bot die Schiffahrt auf den Flüssen eine willkommene Erleichterung und Abwechslung. Allerdings konnten plötzliche Unwetter harmlose Gewässerstrecken in reißende Ströme verwandeln. Manches Schiff zerschellte durch Unachtsamkeit an den Pfeilern einer Brücke. Immer wieder gab es Flußabschnitte, deren Passage wegen ihrer Gefährlichkeit berüchtigt und gefürchtet war. Zu diesen gehörte die mit Felsen und Klippen durchsetzte Donauenge bei Grein in Oberösterreich, nach der noch heute diese Landschaft »Strudengau« genannt wird. Konrad IV. und Friedrich I. Barbarossa, die von Regensburg zum Kreuzzug aufgebrochen waren, wagten die Durchfahrt erst nach sorgfältigen Vorbereitungen.

Großer zeremonieller Aufwand bei Krönungsreisen

In der Renaissance- und Barockzeit wurde das Reisen bequemer, vor allem seit die fürstliche Familie der Taxis im 16. Jahrhundert einen regelmäßigen Postdienst entwickelt hatte, der auch dem Personenverkehr diente.
Höfisches Zeremoniell und barocker Prunk waren aber auch Errungenschaften des Wiener Hofes, die auf Reisen eher hinderlich und lästig waren. Selbst wenn die Habsburger im 18. Jahrhundert viele Reisen nach dem Vorbild der preußischen Könige und Zar Peters des Großen »incognito« oder mit nur kleiner Begleitung unternahmen, ließ sich bei offiziellen Hofreisen, wie sie die Krönungsfahrten nach Frankfurt darstellten, ein großer zeremonieller Aufwand nicht vermeiden. An solchen Reisen nahmen große Teile des gesamten Hofstaates teil. Monatelange Vorbereitungen, bei denen sich der kaiserliche Hof der Erfahrung und der Dienste des Taxisschen Postunternehmens bediente, sorgten für die Sicherstellung von Zugpferden bei Landreisen und der Schiffszüge bei Flußfahrten, der Ver-

In Wiens Schloß Schönbrunn hängt dieses Gemälde der Kaiserin Maria Theresia von Martin van Meytens d. J. Zur Krönung ihres Gatten reiste sie mit nach Frankfurt.

In der Schatzkammer der Wiener Hofburg kann man sie jetzt bewundern: die Insignien des Heiligen Römischen Reiches Deutscher Nation; hier beispielsweise Krone und Reichsapfel.

sorgung und Einquartierung der großen Reisegesellschaft. Selbst Straßen mußten instandgesetzt werden, um die Reise einigermaßen erträglich zu machen. Jeder Ort, der von der Reise berührt wurde, rechnete sich den kaiserlichen Besuch zur hohen Ehre, und so nahmen die feierlichen Empfänge und das Böllerschießen kein Ende.
Kein Wunder, daß Kaiserin Maria Theresia derartige Hofreisen nicht besonders schätzte. Die Krönungsreisen nach Frankfurt aber waren unumgänglich und auch als Selbstdarstellung des Hauses Habsburg von großer Bedeutung. Über den Reiseverlauf wie die Krönungsfeierlichkeiten wurden genaue »Diarien« angelegt, die es heute noch erlauben, die Krönungsreisen bis ins Detail nachzuvollziehen. Allerdings ist darin eher von Prunk und Glanz die Rede als von den Mühseligkeiten der Reise.

Nicht das Ankommen, der Weg war das Ziel

Ab 1806 übernimmt der Einzelreisende das Szepter – als Bildungs- und als Vergnügungsreisender, manchmal gepaart mit einem guten Schuß Abenteuerlust, die auch im 19. Jahrhundert auf dieser Route durchaus noch möglich war. Nun kommen auch die Reiseschilderungen in Mode, die deutlich machen: Im Gegensatz zu früher, wo es nur darauf ankam, wohlbehalten ans Reiseziel zu gelangen, ist schon der Weg selbst das Ziel.

Zu Wasser wie zu Lande wird das Reisen immer bequemer. Auf dem Main fuhr 1841 das erste Dampfschiff. Ein Jahr später wurde der regelmäßige Dampfschiffsverkehr zwischen Frankfurt und Würzburg aufgenommen. Schon ab 1838 gab es eine feste Dampfschiffslinie zwischen Regensburg und Linz mit Anschluß nach Wien. Zur gleichen Zeit wurde der Ludwigs-Donau-Main-Kanal gebaut; 1846 war der Bau vollendet. Doch die Eisenbahn machte der regelmäßigen Personenschiffahrt bald Konkurrenz. Heute gibt es nur noch auf einzelnen Abschnitten einer Reise von Frankfurt nach Wien die Möglichkeit, komfortabel auf dem Promenadendeck ruhend, die Landschaft an sich vorbeiziehen zu lassen und im Angesicht von Burgen und Städten alten Geschichten nachzuträumen.
Aber welches Verkehrsmittel der moderne Tourist auch benutzt, er kann es im Bewußtsein tun, auf den Spuren von Kaisern und Königen zu wandeln – und mit offenen Augen wird er sie auch entdecken.

Das Venezianische Zimmer in der Würzburger Residenz – es erhielt seinen Namen nach den Gobelins mit Szenen aus dem Karneval in Venedig – gehört zu den südlichen Kaiserzimmern.

Von der Obermainbrücke gesehen werden die Banken-Hochhäuser dominiert von Frankfurts Dom, der Wahl- und Krönungskirche der deutschen Kaiser. – Rechts: Tempelchen in Hanaus Wilhelmsbad.

In diesem ersten Abschnitt der kaiserlichen Reise von Frankfurt nach Wien mangelt es nicht an Kontrasten: Hier das heutige Glitzerding »Mainhattan«, dort das idyllische Miltenberg oder das historische Aschaffenburg.

Daß **Frankfurt** der richtige Ort ist, am Anfang einer Reiseroute einzutauchen in die Geschichte von Kaisern und Königen, erschließt sich erst auf den zweiten Blick. Dann nämlich, wenn man beispielsweise an den glänzenden Hochhausfassaden des Bankenviertels der Finanz- und Messemetropole vorbei auf den Dom schaut, die Wahlstätte und den Krönungsort der deutschen Kaiser, oder auf die von gotischen Treppengiebeln gekrönte Fassade des nach Kriegszerstörungen wiederhergestellten Römers mit dem Kaisersaal.

Schon die erste urkundliche Erwähnung der Stadt im Jahr 794 weist auf einen Pfalzort hin; Frankfurt wird zu einem Zentrum karolingischer Herrschaft. An der Stelle der 852 geweihten Pfalzkapelle entsteht ab der Mitte des 13. Jahrhunderts der heutige Dom. Schon im 9. Jahrhundert gehört Frankfurt zu den wichtigen Herrschaftsorten des Reiches, und seit der Wahl Friedrichs I. Barbarossas im Jahre 1152 ist die Stadt Wahlort der deutschen Könige. Nicht immer herrscht Einmütigkeit bei diesen Wahlen; wiederholt kommt es zur Wahl von Gegenkönigen. An der Wahlstadt Frankfurt aber wird festgehalten, ab 1356 sogar aufgrund eines Reichsgesetzes, der »Goldenen Bulle«. 1562 wird Maximilian II. im Dom gekrönt; seitdem finden die meisten Krönungen im Dom zu Frankfurt statt.

Das Ende des Alten Reiches bedeutete

START IN DER TRADITIONSREICHEN KRÖNUNGSSTADT

In Hanau wurden die Brüder Jakob und Wilhelm Grimm geboren – die mit den Märchen –, und so hat ihnen die Stadt an markanter Stelle, vor dem Rathaus, ein Denkmal aufgestellt.

auch das Ende Frankfurts als Freie Reichsstadt, nicht aber ihren Abschied von der großen Politik. Im Mai 1848 wird in der Paulskirche die erste Deutsche Nationalversammlung einberufen, doch 1849 scheitert der Versuch, mit der Wahl von Friedrich Wilhelm IV. von Preußen das Deutsche Reich neu zu begründen. Als schließlich die Reichsgründung unter preußischer Führung durch Bismarck

1871 gelingt, haben sich die politischen Gewichte verlagert.
Wahrzeichen Frankfurts als Kaiser- und Königsstadt ist der nach dem hl. Bartholomäus benannte gotische Dom, der hauptsächlich vom 13. Jahrhundert bis zum 15. Jahrhundert entstand. Das Langhaus wurde allerdings nach einem Brand 1867 erhöht.
Die Ausstattung mit zahlreichen bemerkenswerten Schnitzaltären vorwiegend des 15. und 16. Jahrhunderts wurde nach dem Brand auswärts erworben. Durch eine geschnitzte spätgotische Tür mit Reichsadlern an der Südseite des Chores gelangt man in die bescheidene Kapelle, die seit Albrecht II. (1438) Ort der Königswahlen war. In der Domschatzkammer erinnern einige Krönungsornate, eine Nachbildung der Reichskrone des 10. Jahrhunderts sowie Teile des Krönungsaltars aus dem 18. Jahrhundert an die große Vergangenheit des Doms. Reste der karolingischen Pfalz wurden über römischen Mauern unmittelbar vor dem Hauptportal des Doms freigelegt. Sie war 822 unter Kaiser Ludwig dem Frommen vollendet worden. Die staufischen Kaiser errichteten ihre Burg südlich der karolingischen Pfalz. Mit dem Saalhof am Mainufer sind Teile des Wehrturms, des Palas und der Kapelle erhalten. Schon 1333 geriet der Saalhof in Besitz des aufstrebenden Bürgertums der Stadt.

Römer: Aus elf Häusern wurde das Rathaus

Ihr Wahrzeichen ist bis heute der Römer, das historische Rathaus. Es wurde nicht als einheitlicher Bau geplant und errichtet, sondern entstand ab dem 15. Jahrhundert aus ursprünglich elf Bürgerhäusern, von denen eines den Namen »Römer« trug. Die charakteristische Hauptfassade mit den drei Treppengiebeln entstand 1896/97. Nach den Zerstörungen des Zweiten Weltkrieges wurde die gesamte Anlage weitgehend rekonstruiert. Von der ehemaligen Kaiserstiege blieb jedoch nur das Portal an der »Römerhalle« erhalten.
1411 entstand im Römer ein großer Festsaal, in dem die Ratssitzungen und die Beratungen zur Kaiserwahl stattfanden. Mit dem Beginn der Kaiserkrönungen in Frankfurt wurde der Saal auch als Fest- und Bankettsaal für die Krönungsfeierlichkeiten benutzt. Frankfurts Glanz als Kaiser- und Königsstadt war längst vorbei, als der Rat der Stadt 1830 beschloß, den Saal mit einer Bildergalerie aller 52 Herrscher auszustatten, die von 768

Das ist leicht zu merken: In Frankfurt steht auf dem Römerberg das Rathaus namens Römer; davor der hübsch vergitterte Gerechtigkeitsbrunnen mit der Justitia obendrauf.

bis 1806 das Deutsche Reich regiert hatten. So entstand ein Dokument deutscher Geschichte im Stil des Historismus. Während der Saal nach 1945 rekonstruiert wurde, blieben die Gemälde original erhalten.
Der Kaisersaal im Römer war Schauplatz großer Feste, von der Krönung Maximilians II. bis zur letzten Kaiserkrönung in Frankfurt 1792. Zugang hatten natürlich nur wenige und hochgestellte Persönlichkeiten – es sei denn, jemand griff zu einer List wie der junge Goethe 1764 bei der Wahl und Krönung Josephs II. Mit einem Gefäß »bewaffnet«, verschaffte er sich als Lakai Zugang zum Festsaal, um Zeuge des Festbanketts zu werden. Der interessantere Teil spielte sich allerdings draußen auf dem weiten Platz des Römerberges ab, wo sich nach dem vorangegangenen prächtigen Einzug der Mächtigen des Reiches das Volk tummelte und um den kostenlosen Wein aus einem Brunnen, den gebratenen Ochsen und ausgestreute Gold- und Silbermünzen stritt, während das gehobene Bürgertum von den Fenstern der umliegenden Häuser aus zusah.
Goethe hat in seinen Erinnerungen, »Dichtung und Wahrheit«, Wahl und Krönung Josephs II. anschaulich geschildert und aus der Erinnerung älterer Frankfurter wiedergegeben, daß bei derartigen Anlässen nicht nur dem steifen Zeremoniell gefolgt wurde. Maria Theresia jedenfalls scheint sich bei der Krönung ihres Gemahls, Franz I., 1745 herzlich amüsiert zu haben: Als der Kaiser im altertümlichen Krönungsornat, vom Dom kommend, auf dem Römerberg erschien, brach sie in Gelächter aus und winkte ihm mit dem Taschentuch zu.

Lohnt immer den Besuch: Frankfurts Museumsufer

Vom Römerberg ist es nicht weit zu Baudenkmälern und Sehenswürdigkeiten: nach Norden zur Paulskirche, westlich davon zum Goethehaus und Goethemuseum im Großen Hirschgraben, nach Osten zur modernen Kunsthalle Schirn und nach Süden, vorbei an der Nikolaikirche, zum Historischen Museum.
Über den Eisernen Steg gelangt man zum Schaumainkai auf dem südlichen Mainufer, dem eigentlichen Museumsufer unter anderem mit dem Städelschen Kunstinstitut, dem Deutschen Post-, Film- und Architekturmuseum, dem Museum für Kunsthandwerk und dem Museum für Völkerkunde. Sie allein sind Grund genug für einen längeren Aufenthalt in Frankfurt.
Der Weg mainaufwärts nach Franken erscheint zunächst wenig verlockend. Weit dehnen sich die Vororte und Industriegebiete in Richtung Offenbach und Hanau. Und in beiden Städten haben die verheerenden Kriegszerstörungen wenig übriggelassen von Bürgerhäusern, Kirchen und Residenzen. Auf jeden Fall sehenswert sind in **Offenbach** das ehemalige Schloß der Grafen von Ysenburg-Rüdingen, das zu den bedeutendsten Renaissance-

Im Römer befindet sich der Kaisersaal mit den Bildnissen der 52 in Frankfurt gewählten und gekrönten Kaiser und Könige; von dem Balkon davor zeigte sich der Auserwählte dem gemeinen Volk.

Offenbach ist selbstverständlich nicht nur eine Lederstadt: Im Büsing-Palais beispielsweise wurde das Klingspor-Museum untergebracht mit einer Spezialsammlung für moderne Schriftkunst.

Schlössern Hessens zählt, und das ehemalige Büsing-Palais mit dem Klingspor-Museum für Buch- und Schriftkunst sowie das Leder- und Schuhmuseum.

In **Hanau** erinnert ein Denkmal auf dem Neustädter Markt an die Brüder Grimm, die als Märchensammler in die Geschichte eingingen. Das wieder-

aufgebaute Altstädter Rathaus ist jetzt das Goldschmiedehaus mit sehenswertem Museum. Das eigentliche Kleinod Hanaus erreicht man über die Philippsruher Allee im Ortsteil Kesselstadt. Hier ließ 1701/13 Fürst Philipp Reinhard nach französischen Vorbildern ein großzügiges Sommerschloss errichten, das heute, vorzüglich restauriert, das Historische Museum der Stadt Hanau beherbergt.

Vom Schloß führt eine Allee zur Kuranlage Wilhelmsbad, dem besterhaltenen Beispiel eines Kurbades des 18. Jahrhunderts in Deutschland. In der Mitte der regelmäßig angeordneten Einzelbauten steht das Kurhaus, am östlichen Ende ein reizvoll ausgestattetes Theater, das Komödienhaus.

Nicht weniger bedeutend ist der südlich angrenzende herrliche englische Landschaftspark mit künstlicher Burgruine, Schlucht mit Kettenbrükke, Eremitage, Grabpyramide und einem originellen feststehenden Karussell von 1779. Der Erbauer von Wilhelmsbad war Erbprinz Wilhelm, der erste Kurfürst von Hessen-Kassel. Als er 1785 mit seinem Hofstaat nach Kassel zog, versank der fürstliche Badeort bald in einen Dornröschenschlaf. 1818 kehrte noch einmal für kurze Zeit monarchischer Glanz in die beschauliche Ruhe ein, als sich in Wilhelmsbad König Friedrich Wilhelm III. von Preußen, Kaiser Franz I. von Österreich und Zar Alexander I. von Rußland trafen – vereint in der »Heiligen Allianz« gegen Napoleon.

Die wenigen Kilometer von Hanau nach **Seligenstadt** sind eine Reise in die Zeit vom 18. in das 9. Jahrhundert. Hier stand schon zur Römerzeit ein Kastell. Unter den Karolingern war der Ort fränkisches Königsgut und hieß Mülheim, als er 815 durch kaiserliche Schenkung an den Berater und späteren Biographen Karls des Großen, Einhard, Verfasser der »Vita Caroli Magni«, fiel. Über die Änderung des Namens in Seligenstadt gibt es eine romantische Sage.

Zwei Liebende gehören zur schönen Legende von Seligenstadts Namensfindung

Einhard soll sich am Hofe Karls des Großen in dessen Tochter Imma verliebt haben. Aus der Pfalz in Aachen verstoßen – oder durchgebrannt –, lebte das Paar im Verborgenen im Wald hier am Main, bis Karl die beiden eines Tages durch Zufall bei einem Jagdausflug wiederentdeckte und ihnen verzieh. An diese Sage erinnert eine Inschrift am Erker des schönen Fachwerkhauses »Zum Einhard« am Marktplatz: »Selig sei die Stadt genannt, da ich meine Tochter wiederfand.«

Tatsächlich dürfte der Name aber auf Einhards Klostergründung zurückzuführen sein. 828 übertrug er die Gebeine der römischen Märtyrer Marcellinus und Petrus in diese Abtei und weihte ihnen die neuerbaute Kirche. In ihr wurde 840 auch Einhard begraben. Die Abteikirche, die sogenannte Einhards-Basilika, ist die einzige nördlich der Alpen erhaltene große karolingische Basilika. Trotz verschiedener Veränderungen späterer Jahrhunderte ist vieles vom ursprünglichen Bauwerk bis heute bewahrt geblieben.

Die geschlossen erhaltene Klosteran-

Die größte karolingische Pfeilerbasilika Deutschlands steht in Seligenstadt. Diese sogenannte Einhards-Basilika erinnert an den Klostergründer und Biograph Karls des Großen, Einhard.

Im Schloß zu Versailles hängt dieses Gemälde, das vor dem Aschaffenburger Schloß Johannisburg Kaiser Napoleon und in devoter Haltung den Fürstprimas Karl Theodor von Dalberg zeigt.

lage geht noch auf den karolingischen Gründungsplan zurück, spiegelt in den vorhandenen Bauformen jedoch die letzte Blütezeit des Klosters um 1700. Erhalten sind Teile des Kreuzgangs, Sommerrefektorium, Kranken- und Konventbau, die Prälatur mit Abtwohnung, Gästehaus und Kaisersaal, Mühle und Wirtschaftsgebäude. Die großzügig angelegten Gärten werden bis heute vollständig von der Klostermauer umschlossen.
Auch von der einstigen Stadtbefestigung sind noch große Teile erhalten, darunter eines der vier Stadttore, der Steinheimer Torturm von 1605. Bestandteil der Stadtmauer auf der Mainseite ist die schön gegliederte rote Sandstein-Fassade des »Kaiserhauses«. Sie gehörte zum Palas der Pfalz, die Kaiser Friedrich II. um 1230 erbauen ließ. Hinter den Arkadenfenstern lag einst der große Festsaal. Die Anordnung der übrigen Fenster läßt auf die Privatgemächer des Kaisers schließen.

Schlacht um die Kaiserwürde 1743 bei Dettingen

Auf der gegenüberliegenden Mainseite, bei **Dettingen**, fand 1743 eine Schlacht holländischer, englischer, österreichischer und deutscher Truppen unter der Führung des englischen Königs Georg II. auf der einen Seite und einer französischen Armee auf der anderen Seite statt. Der »Österreichische Erbfolgekrieg« hatte mit den Frankfurter Kaiserwahlen zu tun. Der bayerische Kurfürst Karl Albrecht hatte unter Berufung auf seine Abstammung von Ferdinand I. Ansprüche auf die österreichischen Erblande, aber auch auf die Kaiserkrone erhoben, die jedoch Maria Theresia als unmittelbare Erbin des Habsburgischen Thrones nach dem Tode ihres Vaters, Karls VI., für ihren lothringischen Gemahl, Franz, wollte. Karl Albrecht hatte sich zunächst durchgesetzt und war 1742 in Frankfurt zum Kaiser gewählt und gekrönt worden, doch starb er bereits 1745. Im gleichen Jahr entsagte sein Sohn Max Joseph im »Füssener Frieden« jedem Anspruch auf Österreich und die Kaiserwürde.
Die Mehrheit der Kurfürsten wählte daraufhin Franz I. zum Kaiser. Auch wenn das Zeremoniell auf dem Frankfurter Römerberg, wie es Goethe schilderte, schon etwas angestaubt und altväterlich erscheinen mochte – das Lachen Maria Theresias auf dem Römerberg war das Lachen der Siegerin in einem europäischen Kräftespiel.

Stiftskirche und Schloß Johannisburg locken zum Besuch von Aschaffenburg

Die ehemalige Stiftskirche ist seit tausend Jahren das christliche Herz **Aschaffenburgs**. Die heutige Kirche reicht bis in das 12. Jahrhundert zurück, wesentliche Teile stammen aus dem 13. bis 17. Jahrhundert, die schöne Treppenanlage des nördlichen Hauptzugangs aus dem Jahre 1723. Das Innere der Kirche birgt eine Fülle von Kunstschätzen. Dazu gehören einige wertvolle Tafelbilder aus der Werkstatt von Lucas Cranach. In einem verschlossenen Schrein einer Kapelle auf der Südseite hängt die »Beweinung Christi« von Matthias Grünewald, das zu den Hauptwerken christlicher Kunst im deutschen Sprachraum zählt. Nördlich der Kirche befindet sich der schöne, vollständig erhaltene spätromanische Kreuzgang.
Schloß Johannisburg ist eine der ersten deutschen Schloßanlagen, die als Ganzes nach einem einheitlichen regelmäßigen Plan angelegt und errichtet wurden; 1614 war der Bau vollendet. Lediglich der Mittelturm des Nordflügels stammt noch aus dem 14. Jahrhundert und gehört zum spätgotischen Vorgängerschloß. Zu Recht

gilt Johannisburg als eine der bedeutendsten Schloßanlagen der Renaissance.

Nach Napoleons Siegen ging mit dem Rheinbund das Alte Reich unter

Nach den Zerstörungen des Zweiten Weltkrieges wurde das Schloß nicht nur äußerlich wiederhergestellt, auch die fürstlichen Prunkgemächer entstanden wieder in alter Schönheit, ausgestattet mit den Originalmöbeln und wertvollen Bildern. Die Staatsgalerie im Schloß gibt jetzt sogar weitgehend den ursprünglichen Zustand der kurmainzischen Gemäldesammlung wieder.

Vor knapp 200 Jahren machte Aschaffenburg Karriere, denn nach der Besetzung von Mainz durch die französische Revolutionsarmee wurde es Hauptstadt der Mainzer Kurfürsten. 1803 gerät die Stadt gar für kurze Zeit ins Zentrum der Reichspolitik. Mit dem Kurfürstentum Mainz war das Amt des Reichserzkanzlers verbunden. Diese herausgehobene Stellung bewahrte Karl Theodor von Dalberg, der 1802 Kurfürst geworden war, zwar nicht vor dem Verlust von Mainz durch die Säkularisation. Doch konnte er Aschaffenburg behalten und damit als einziger geistlicher Kurfürst die Selbständigkeit.

Als Mitarchitekt des Rheinbunds, dessen Fürstprimas er wurde, hat Dalberg zur Auflösung des Alten Reiches beigetragen und an der Festigung der Stellung Napoleons nicht unbedeutenden Anteil. 1806 erhielt er Frankfurt, das 1810 Großherzogtum wurde. Die von Napoleon geschaffenen Besitzungen hatten freilich nur kurze Zeit Bestand. Der Rheinbund wurde nach dem Sturz Napoleons 1813 aufgelöst, Frankfurt wieder selbständig, 1814 fiel Aschaffenburg an Bayern. Letztlich war Dalberg – eher ein Schöngeist – nur ein Werkzeug Kaiser Napoleons.

Ein »bayerisches Nizza« und der Park Schönbusch

Mainabwärts, am Rande des Gartens von Schloß Johannisburg, ließ Bayernkönig Ludwig I., angeregt durch die Ausgrabung in Pompeji, hoch über dem Mainufer das Pompejanum nach Plänen von Friedrich von Gärtner errichten – eine königliche Villa als romantische Staffage, welche die Umgebung in eine südliche Ideallandschaft, ein »bayerisches Nizza« verwandelt. Jenseits des Mains liegt in der Ebene der Park Schönbusch, den Kurfürst Friedrich Karl Joseph v. Erthal ab 1775 an der Stelle eines älteren Tiergartens anlegen ließ.

In den Spessart nach Mespelbrunn und Hessental

Von Aschaffenburg führt ein lohnender Umweg tief in den Spessart nach **Mespelbrunn** mit seinem malerischen Wasserschloß und zu zwei hochbedeutenden Kunstwerken in der nahegelegenen modernen Wallfahrtskirche **Hessental**: der Kreuzigungsgruppe von Hans Backoffen (1519) und der Beweinung von Tilman Riemenschneider (um 1490). Auf Nebenstraßen gelangt man nach Klingenberg und wieder an den Main.

Die Straße am Main entlang von Aschaffenburg direkt nach Klingenberg berührt, je nachdem, ob man rechts oder links des Flusses fährt, so malerische Orte wie Sulzbach und Erlenbach oder Obernburg und Wörth. Die Stadt **Klingenberg** mit sehenswer-

Versailles sollte – so wollten es die Fürsten Löwenstein-Wertheim – Vorbild für ihr fränkisches Sommerschloß in Kleinheubach sein. Und bekannte Barockbaumeister bauten es ihnen 1723/32.

Jeder Quadratmeter Sonnenlage über dem Main wird genutzt: Gleich hinter den letzten Häusern des hübschen Klingenberg stehen die Reben – hier mit vorzugsweise blauen Trauben.

ter Altstadt wird von der Ruine Clingenburg überragt, deren Reste aus dem 15. Jahrhundert stammen. Die Burg bietet vor allem eine gute Einkehr mit schönem Blick über Stadt und Main. Klingenberg ist nicht zuletzt wegen seiner guten Rotweine, die im fränkischen Weinland eher eine Ausnahme darstellen, ein Begriff für Kenner und Genießer. Weiter mainaufwärts liegt auf dem westlichen Ufer **Laudenbach** mit einem sehenswerten kleinen Schloß aus dem 18. Jahrhundert (Museum).

Heute lernen Postler im Kleinheubacher Schloß

Die prachtvolle Sommerresidenz der Fürsten zu Löwenstein-Wertheim-Rochefort in **Kleinheubach**, zwischen 1723 und 1732 errichtet, zeigt unverkennbaren französischen Einfluß. Die von namhaften Bildhauern, Stukkateuren und Bildhauern des französischen Barock gestalteten Innenräume wurden um 1800 klassizistisch verändert, die Schloßkapelle 1870/71 neuromanisch gefaßt. Das Schloß ist heute Schulungsstätte der Post und deshalb nur sehr eingeschränkt zugänglich.
Auf jeden Fall lohnt sich ein Rundgang durch den weitläufigen englischen Park mit teilweise erhaltener barocker und klassizistischer Staffage. Von hier hat man einen schönen Blick über den Main und hinauf zur Wallfahrtskirche **Engelberg**. Sie ist von Großheubach über die steilen Stufen eines Passionsweges mit sechs Wegkapellen des 17. Jahrhunderts, den »Engelsstaffeln«, aber auch auf einer Fahrstraße zu erreichen.

Lohnt einen Umweg: Amorbachs Klosterkirche

Der weite Blick vom Engelberg weist den Weg zu einem lohnenden Abstecher nach Süden in das Tal des Mudbaches zum nahen **Amorbach**. Das Kloster ist eine Gründung des 8. Jahrhunderts und wurde unter Karl dem Großen Königsgut. Es spielte eine bedeutende Rolle bei der karolingischen

Kolonisation des Odenwaldes und der Missionierung der Sachsen.

Die ehemalige Abteikirche St. Maria (1747) gehört durch die grandiose Ausstattung ihres Innenraumes vor allem mit Wessobrunner Stuck und Fresken des Augsburger Malers Matthäus Günther zu den herausragenden Schöpfungen des süddeutschen Rokoko. Von der romanischen Basilika des 12. Jahrhunderts sind noch die beiden Westtürme erhalten. Kirche und ehemalige Klostergebäude sind seit der Säkularisation 1803 im Besitz der Fürsten zu Leiningen. Im Innern des Klosters befinden sich mit dem ehemaligen Prälatenzimmer und dem Grünen Saal beachtenswerte klassizistische Raumschöpfungen von Andreas Dittmann. Hier begegnet uns Karl Martell als eine der beiden Statuen der Klostergründer.

Neben der Abtei bietet Amorbach zahlreiche weitere Sehenswürdigkeiten : das Palais der Fürsten zu Leiningen, ehemals Sitz des kurmainzischen Amtmannes, das Rathaus, die ehemalige kurmainzische Amtskellerei (Heimatmuseum), der 1806 anstelle des Klostergartens angelegte englische Park Seegarten sowie die Pfarrkirche St. Gangolf.

Abstecher in den Odenwald: Michelstadt und Wildenburg

Weitere lohnende Abstecher in den Odenwald führen von Amorbach zur karolingischen Einhards-Basilika in Steinbach bei **Michelstadt**, die Einhard noch vor der Gründung Seligenstadts 815/27 errichtete, zum neugotischen Schloß Waldleiningen zwischen Hesselbach und Ernsttal (Sanatorium) und vor allem zur einsam im Wald gelegenen stattlichen Ruine der **Wildenburg**, eine der Hauptburgen der Stauferzeit, die bereits der mittelalterliche Dichter Wolfram von Eschenbach in seinem »Parzival« erwähnt. Zweifellos hat vor allem der Festsaal des Palas mit dem gewaltigen offenen Kamin, der bis heute erhalten ist, seine Beschreibung der Gralsburg beeinflußt. Noch einer anderen großen Dichtung des Mittelalters begegnen wir hier in den Ausläufern des Odenwaldes: Von Michelstadt her kommend führt die Nibelungenstraße von Amorbach zurück an den Main und nach Miltenberg.

Miltenberg machte Profite dank des Stapelrechts

In **Miltenberg** traf der römische Limes, die Grenze zu Germanien, von der Donau bei Regensburg kommend, an den Main. Auf geringe römische Baureste stößt man am Ortseingang, kurz hinter der Mainstaustufe Kleinheubach. Das Museum in der ehemaligen Mainzer Amtskellerei zeigt Funde aus der Römerzeit. Burg und Stadt entwickelten sich im 13. Jahrhundert dank der verkehrsgünstigen Lage an der bedeutenden Handelsstraße von Frankfurt nach Nürnberg, die hier den Main überquerte. Das 14. Jahrhundert war die Blütezeit Miltenbergs. Die Stadt erhielt zahlreiche Privilegien, etwa von Kaiser Karl IV. das Stapelrecht für Viktualien, Holz und Eisen, durch das alle Kaufleute gezwungen waren, ihre Waren drei Tage lang den Bürgern zu festgesetzten Preisen feilzubieten. An dieses Recht erinnert bis heute das Alte Rat- und Kaufhaus in der Stadt, ein typischer Mehrzweckbau des 14. Jahrhunderts. In der großen Erdgeschoßhalle wurden die Waren gelagert und zum Kauf angeboten, darüber befand sich der Fest- und Ratssaal der Bürger.

»Zum Riesen« bot höchsten Herrschaften Quartier

Die alte Reichsstraße von Frankfurt nach Nürnberg verlief mitten durch die Miltenberger Altstadt. Weil sie auch den Kaisern und Königen als Reiseweg diente, finden sich bis heute entlang dieser Route zahlreiche Gasthöfe, die mit Krone oder Reichsadler auf ihre Tradition als herrschaftliche

Amorbachs ehemalige Klosterkirche ist ein wahr gewordener Barock-Traum. Übrigens: Nicht der Liebesgott, sondern der sagenhafte Abt Amor soll im 8. Jahrhundert das Kloster gegründet haben.

Liebenswürdig und unaufregend breitet sich Miltenberg am Mainufer aus, Ausflugsdampfer animieren zu geruhsamen Sehreisen – wer sich als Besucher hier »gestreßt« fühlt, ist vermutlich selber schuld.

Herberge hinweisen. Auch die Reichsinsignien mit Krone und Zepter wurden auf dieser Straße von Nürnberg nach Frankfurt transportiert, wenn eine Kaiserkrönung bevorstand.
Miltenbergs berühmteste Herberge ist zugleich die älteste der Stadt. Das Hotel »Zum Riesen« wurde 1411 erstmals erwähnt, seit 1504 ist es als Fürstenherberge bezeugt, seine heutige Gestalt erhielt es Ende des 16. Jahrhunderts. Im 17. Jahrhundert hatte der Bau seine große Zeit. Damals gehörten die meisten Häuser in der Riesengasse dazu, so daß die Herberge in der Lage war, auch ein stattliches fürstliches Gefolge aufzunehmen. Laut Überlieferung hat Kaiser Karl IV. 1368 hier gewohnt; und Martin Luther hat 1518 im »Riesen« genächtigt.

Dicht umstanden von gemütlichen Fachwerkhäusern ist der Marktplatz von Miltenberg mit dem alten Renaissancebrunnen. Nur ein schmaler Durchgang, das Schnatterloch, führt hinauf zur Mildenburg.

Die Mildenburg wurde im 13. Jahrhundert von den Mainzer Erzbischöfen angelegt und im 14., 15. und 16. Jahrhundert erweitert. Ab 1552 war die Burg Ruine, im 19. Jahrhundert erlebte sie in bürgerlichem Besitz eine Renaissance. 1838 feierte hier König Ludwig I. von Bayern den Geburtstag seiner Gemahlin. Der zur Burg hin ansteigende Marktplatz mit seinen malerischen Fachwerkhäusern vom 15. bis 17. Jahrhundert um den Renaissance-Marktbrunnen zählt zu den schönsten in Deutschland.
Lohnend ist ein Rundgang entlang der bergseitigen Stadtmauer mit schönen Ausblicken über die Altstadt und den Main. Dabei stößt man auf einige gute Beispiele repräsentativer Wohnbauten im historischen Stil des 19. Jahrhunderts und einen ehrwürdigen jüdischen Friedhof.
Bei Miltenberg birgt der schlichte Bau der St. Martinskapelle in **Bürgstadt** eine Überraschung: die originelle vollständige Ausmalung des Langhauses aus dem Jahre 1593. Die Bibel in Bildern schildert die Heilsgeschichte und das Jüngste Gericht.

Im Kaisersaal der Würzburger Residenz zeigt das Wandgemälde, wie Friedrich I. Barbarossa den Würzburger Bischof mit Franken belehnt. – Rechts: Fachwerk-Schnitzfigur in Karlstadt.

Lauter hübsche, geschichtsträchtige Städtchen liegen links und rechts des Mains und bieten Sehenswertes. Das wird natürlich überboten von den Schätzen, die Würzburg für Besucher bereithält.

Vorbei an der Burgruine Collenberg geht es nach **Stadtprozelten**. Burg und Stadt entstanden im 12. Jahrhundert; Kaiser Karl IV. erhob den Ort 1355 zur Stadt. Die Henneburg gehörte vorübergehend zum Besitz des Deutschen Ordens. Die Burgruine zählt zu den schönsten in Süddeutschland: Die erhaltenen Mauern und Türme vermitteln einen lebendigen Eindruck von der früheren Wehrhaftigkeit der Anlage, die bis in das 17. Jahrhundert das Maintal beherrschte. Im 18. Jahrhundert war sie dem Verfall preisgegeben, bis König Ludwig I. von Bayern 1840 Erhaltungsmaßnahmen veranlaßte.
In Kreuzwertheim mit einem Schloß der Fürsten zu Löwenstein-Wertheim-Freudenberg aus dem 18. Jahrhundert überquert man den Main nach **Wertheim**. Auf einem Bergsporn am Zusammenfluß von Tauber und Main entstand hier seit dem 12. Jahrhundert die mächtige Burg der Grafen von Wertheim. Im 14. Jahrhundert erhielt die Anlage ihren heutigen Umfang. Im Dreißigjährigen Krieg wurde sie zerstört und beherrscht heute als imposante Ruine die Wertheimer Altstadt. Kaiser Friedrich I. und König Gustav Adolf von Schweden weilten auf der Burg. Die Grafen von Wertheim waren ein bedeutendes Adelsgeschlecht, zu deren Besitz vor allem große Gebiete des Spessarts und Odenwaldes gehörten. In der Reichspolitik spielten Mitglieder des Hauses Löwenstein-Wert-

AUF DEM MAIN IN DIE RESIDENZSTADT WÜRZBURG

Das hübsche Stadtprozelten scheint sich heute noch unter der Ruine der Henneburg aus dem 12. Jahrhundert zu ducken, die, neben dem schönen Blick, einen Eindruck früherer Wehrhaftigkeit vermittelt.

heim-Freudenberg, das 1812 in den bayerischen Fürstenstand erhoben wurde, wiederholt eine wichtige Rolle. Zu Füßen der Burg entwickelte sich im späteren Mittelalter die Bürgerstadt, Rechte und Privilegien erhielt sie von König Albrecht und Kaiser Ludwig dem Bayern. 1362 machte Kaiser Karl IV. die Stadt zu einem Lehen der Krone Böhmen.

Bis heute wird das Stadtbild Wertheims von malerischen Plätzen und guterhaltenen Häusern der Renaissance und des Barock geprägt. Die 1384 begonnene Stadtpfarrkirche ist der »Ahnensaal« der Wertheimer Grafen mit zahlreichen kunstvoll gestalteten Grabmälern vom 15. bis 18. Jahrhundert.

Ein Juwel der Spätromanik ist Kloster Bronnbach

Von Wertheim wenige Kilometer tauberaufwärts liegt das ehemalige **Zisterzienserkloster Bronnbach** aus dem 12. Jahrhundert. Eindrucksvoll ist die 1222 geweihte spätromanische Klosterkirche mit prächtigem Chorgestühl. Ebenfalls spätromanisch sind Kreuzgang, Kapitelsaal und Brunnenhaus. Im zweigeschossigen ehemaligen Sommerrefektorium findet sich ein repräsentativer Barocksaal.

Über **Urphar** mit der sehenswerten St. Jakobskirche erreicht man **Homburg**, unter dessen Schloß sich die als Kapelle eingerichtete St. Burkardusgrotte befindet. Der Legende nach soll hier der hl. Burkard, Würzburgs erster Bischof, gestorben sein. Das weiter mainaufwärts gegenüber Lengfurt gelegene ehemalige **Augustinerkloster Triefenstein** fiel durch die Säkularisation an die Fürsten zu Löwenstein, die hier einige Zeit auch wohnten. Ihren kunstgeschichtlichen Rang erhält die Stiftskirche durch die frühklassizistische Innenausstattung von 1783 bis 1803, wie sie in dieser Qualität und Geschlossenheit in Franken kaum noch zu finden ist.

Das ehemalige Fischer- und Schifferdorf **Marktheidenfeld** hat trotz einer lebhaften neuzeitlichen Entwicklung den historischen Ortskern erhalten können. Über die Mainbrücke gelangt man wieder auf das westliche Flußufer und bald nach **Rothenfels**. Die »kleinste Stadt Bayerns« wurde erstmals 1050 urkundlich erwähnt. An die große Zeit, als Verkehr und Handel blühten, erinnern viele schöne schmiedeeiserne Gasthausschilder. Das Rathaus ist ein bemerkenswerter Renaissancebau von 1599. Überragt wird das Städtchen von der gleichnamigen Burg. Nach Zerstörungen im 16. und 17. Jahrhundert wurde sie wiederaufgebaut. Ringmauern, Bergfried und Palas gehen jedoch noch größtenteils auf die Gründungszeit im 12. Jahrhundert zurück.

Neustadt am Main stand unter kaiserlichem Schutz

In **Neustadt am Main** weist die dreischiffige Basilika – strenge romanische Formen in Rotsandstein – auf die frühe Bedeutung des einstigen Benediktinerklosters hin. Nicht alle Baudetails gehen jedoch auf das 12. Jahrhundert, die Zeit der Errichtung der Kirche, zurück. Nach einem Brand im Jahre 1857 wurde sie im neuromanischen Stil wiederhergestellt. Von Anfang an stand die Abtei unter dem Schutz Kaiser Karls des Großen, der sie mit bedeutenden Ländereien aus-

Auch Wertheims Stadtansicht wird von der Burg geprägt, die seit dem Dreißigjährigen Krieg überwiegend eine Ruine ist. In dem alten Städtchen sind viele Straßen und Gassen für Fußgänger reserviert.

Noch heute umgibt das mittelalterliche Karlstadt ein Mauerring mit Wehrtürmen. In der Karlburg, oben im Hintergrund, soll Karl Martell, der Großvater Karls des Großen, geboren sein.

stattete und mit der Missionstätigkeit in Sachsen betraute. Ein Steinrelief im Innern zeigt Karl den Großen, eine Zuschrift aus der Zeit um 1400 weist ihn als Gründer aus. Sogar noch Kaiser Karl IV. gewährte dem Kloster besonderen Schutz und gab ihm Zollrechte auf dem Main.

In **Lohr** sicherte einst eine Burg die Königsgüter des Spessarts nach Osten. Im 14. Jahrhundert erhielt die Stadt als Zentrum und Residenz der Grafschaft Rieneck Markt-, Zoll- und Münzprivilegien. Bis heute bewahrt das Stadtarchiv die kostbare Kaiserurkunde, mit der 1333 Kaiser Ludwig IV. den Grafen von Rieneck für Lohr das Stadtrecht verlieh. Als im 16. Jahrhundert die Dynastie der Rieneck erlosch, fiel Lohr an das Kurfürstentum Mainz. Das gräfliche Schloß wurde kurmainzischer Amtssitz, der zeitweise auch als Residenz des kurfürstlichen Hofes diente. Diesem Kurmainzer Schloß mit seinen wehrhaften Türmen merkt man an, daß es früher eine Burg war. Heute beherbergt es das Spessart-Museum mit einer besonders schönen Glassammlung.

Im Stammland der Rieneck – von Lohr nach Gemünden

Behäbige Bürgerhäuser prägen das Stadtbild. Das Wahrzeichen Lohrs, der sogenannte »Bayernsturm«, bewachte früher als Torturm den Eingang zur Stadt. Das Rathaus ist ein schöner Renaissancebau von 1601. Die malerische Fischervorstadt wird von dem geschlossenen Kirchenbezirk überragt, der sich an der Stelle der allerersten Burganlage erhebt. Die Pfarrkirche St. Michael aus dem 13. bis 15. Jahrhundert birgt eindrucksvolle Grabdenkmäler der Grafen von Rieneck. Ihr Stammsitz lag weiter mainaufwärts, nördlich von Gemünden: Die **Burg Rieneck** errichteten die vom Rhein kommenden Grafen um 1170. Die eindrucksvolle Burganlage war im 18. Jahrhundert dem Verfall preisgegeben, wurde aber im 19. Jahrhundert im neugotischen Stil wiederhergestellt.

Die Stadt **Gemünden** an der Mündung

Das Gegenstück zu dem auf Seite 20/21 gezeigten Wandfresko im Kaisersaal der Würzburger Residenz stellt die Trauung von Friedrich I. Barbarossa mit Beatrix von Burgund im Jahre 1156 dar.

von Sinn und Saale in den Main ist eine planmäßige Gründung des Grafen Ludwig II. von Rieneck im 13. Jahrhundert. Reste der Stadtmauer verbinden die Stadt im Tal mit der Ruine der Scherenburg. In der Umgebung Gemündens gibt es eine Reihe sehenswerter Ausflugsziele: mainabwärts die Burgruine Schönrain, im Saaletal das malerische Schloß Wolfsmünster und Kloster Schönau und mainaufwärts das Schlößchen Adolphsbühl und die Ruine der Diemarsburg.

Mauerring und Wehrtürme umgeben Karlstadt

Karlstadt ist ein besonders gut erhaltenes Beispiel für eine planmäßig angelegte mittelalterliche Stadt in Franken. Der im 13. Jahrhundert entstandene Stadtkern wird bis heute vom Mauerring mit Wehrtürmen umgeben, der vor allem auf der Mainseite sehenswert ist. In der gotischen Pfarrkirche St. Andreas sind eine Steinkanzel aus der Werkstatt Tilman Riemenschneiders von 1513 und eine Figur des hl. Nikolaus von Riemenschneider zu bewundern. Durch die Maingasse blickt man hinauf zur Karlburg auf dem gegenüberliegenden Mainufer. Auf dieser Burg soll der Sage nach Karl Martell geboren sein. Karl Martell, der Großvater Karls des Großen, sicherte den Karolingern die Herrschaft im Frankenreich. Tatsächlich wird schon um 752 ein castellum Karloburg erwähnt.

Veitshöchheim stimmt mit seinem Schloß und weltberühmten Garten so recht ein auf das nahe fürstbischöfliche Würzburg. Ursprünglich im 17. Jahrhundert als Tiergarten mit Lusthaus angelegt, entstand im Laufe des 18. Jahrhunderts der Park in seiner heutigen Gestalt. Würzburgs berühmtester Baumeister, Balthasar Neumann, lieferte die Pläne zum Ausbau des Schlosses. Mit seinen intimen, teilweise labyrinthischen Heckenräumen und der reichen Figurenausstattung ist der Veitshöchheimer Park ein herausragendes Beispiel deutscher Gartenbaukunst des Rokoko. Die thematisch der Wald-, Lauben- und Seenregion zugeordnete Fülle von ursprünglich farbigen Gartenplastiken (um 1750) mit Tierdarstellungen, Kavalieren, Hofdamen und Kinderspielen und schließlich der Welt der Götter und der Künste ist einmalig in ihrer Dichte und Ausdruckskraft.

Alljährlich im Juni feiert man in Würzburg das Mozartfest, wofür die Residenz vorzügliche Konzerträume bietet – bei gutem Wetter wird sogar im Freien konzertiert.

Schon im 8. Jahrhundert eine Königspfalz: Würzburg

Würzburg ist der Inbegriff einer fürstbischöflichen Residenzstadt. Doch sind seine Ursprünge eng mit der Reichsgeschichte verbunden. Schon im 8. Jahrhundert gab es eine Königspfalz. Bonifatius errichtete einen Bischofssitz, der von den Karolingern reich mit Gütern ausgestattet wurde. Würzburg war ein wichtiger Stützpunkt in der Ostpolitik Karls des Großen. 787 beging er hier die Hundertjahrfeier der Karolingerherrschaft.

Auch die salischen Kaiser waren Würzburg verbunden. Konrad II. verlieh Markt-, Münz-, Zoll- und Fährrechte. Und die staufischen Kaiser schließlich wählten Würzburg im 12. Jahrhundert zu einem bevorzugten Aufenthaltsort, an dem sie die ganze Pracht höfischen Lebens entfalteten. Zahlreiche Reichstage fanden hier statt, und 1127 war die Stadt Schauplatz des ersten in Deutschland bezeugten Turniers. Kaiser Friedrich I. Barbarossa feierte 1156 im Dom seine Hochzeit mit Beatrix von Burgund.

Bis heute im Stadtbild erkennbar ist der staufische Kern der Stadt mit der Straßenachse vom Dom zur Mainbrücke. Für die Bürger bedeutete die Ehre kaiserlicher Feste vor allem beträchtliche finanzielle Lasten, für die sie sich im Gegenzug Privilegien einer Reichsfreiheit erhofften. Doch die Bischöfe wußten sich als Stadtherren durchzusetzen. Die ab dem 12. Jahrhundert errichtete Marienburg wurde zum Symbol der bischöflichen Gewalt über die Stadt – die sich allerdings auch immer wieder, bis in das 16. Jahrhundert, gegen Aufstände hinter ihren mächtigen Wehrmauern und Bastionen verschanzen mußte. Im 18. Jahrhundert dann wird vor allem mit dem glanzvollen Bauprogramm der Schönborn die einstige mittelalterliche Bürgerstadt zur fürstbischöflichen Residenzstadt.

Barock in höchster Vollendung: die Residenz

Sinnfälligster Ausdruck dieser Entwicklung ist der 1720 begonnene Bau der Residenz. Mit diesem Prachtbau, einer »Synthese des europäischen Barock«, in der sich unter der Leitung des großen Würzburger Baumeisters Balthasar Neumann Einflüsse Frankreichs wie des Wiener Hofes mit fränkischer Eigenständigkeit vereinten, setzte sich die gräfliche Familie der Schönborn ihr größtes Denkmal. Zugleich stellte sie sich in die Tradition der Reichsgeschichte Würzburgs.

Mittel- und Höhepunkt des Schlosses ist der Kaisersaal. Zu ihm gelangt man durch das Treppenhaus Balthasar Neumanns, eine überwältigende Raumschöpfung, die zu den bedeutendsten Leistungen der profanen Barockarchitektur zu rechnen ist. Die grandiose, weite Wölbung des Raumes ist eine technische Meisterleistung, die selbst den Bomben des Krieges standhielt. So wurde das großartige Fresko Giovanni Battista Tiepolos gerettet, das in strahlenden Farben eine Allegorie der Welt mit den vier damals bekannten Erdteilen darstellt, ein Höhepunkt der europäischen Freskenmalerei. Die Kuppelfresken des Kaisersaals stammen ebenfalls von Tiepolo. Sie zeigen die Belehnung des Würzburger Bischofs Herold mit dem Herzogtum Franken durch Kaiser Friedrich I. Barbarossa auf dem Reichstag zu Würzburg, die Trauung Barbarossas mit Beatrix von Burgund durch den Würzburger Fürstbischof und im Deckenspiegel eine Hochzeitsallegorie, in der Apoll dem Kaiser die Braut zuführt.

Zum Sommerschloß der Würzburger Fürstbischöfe in Veitshöchheim gehört ein weitberühmter Park. Die meisten Sandsteinskulpturen darin – auch diese heitere Rokoko-Sphinx – schuf Ferdinand Tietz.

Auch die Räume der Kaiserappartements sind zum größten Teil wieder in ihrer originalen Ausstattung zu bewundern. Sie dienten dem Kaiser und der Kaiserin als Wohnräume, wenn sie sich auf dem Weg zur Krönung in Frankfurt als Gäste der Fürstbischöfe in Würzburg aufhielten. Die Hofkirche der Residenz ist ebenfalls ein Werk Balthasar Neumanns, eine seiner frühen Kirchenschöpfungen, deren ungewöhnliche Raumgestalt einen der harmonischsten Kirchenräume des Barock bildet.

Repräsentativ ausgebaut – die Festung Marienberg

Gegenpol der Würzburger Residenz ist die Festung Marienberg, die bis zum Bau der Residenz Sitz der Fürstbischöfe war. Der Ausbau des Marienberges zur bischöflichen Burg begann 1198. Unter Julius Echter von Mespelbrunn (1573–1617) wurde die Burg zum befestigten Renaissanceschloß umgestaltet; ab 1650 ließ Johann Philipp von Schönborn Befestigungen in Form umfangreicher Bastionen anlegen. Von hier genießt man einen unvergleichlichen Blick über die ganze Stadt. Im ehemaligen Zeughaus der Festung befindet sich das Mainfränkische Museum mit einer sehenswerten kunst- und kulturgeschichtlichen Sammlung. Hier stehen Originale der Gartenfiguren von Veitshöchheim und eine große Sammlung spätgotischer Meister.

Der große Riemenschneider war lange Zeit vergessen

Höhepunkte des Museums sind die Werke Tilman Riemenschneiders, des Vollenders der gotischen Plastik in Franken. Um 1460 in Thüringen geboren, kam Riemenschneider als Bildschnitzergeselle 1478 erstmals nach Würzburg, wo er sich 1483 endgültig niederließ und zwei Jahre später das Bürgerrecht erhielt. Er gründete eine große und erfolgreiche Werkstatt, wurde Ratsherr und Bürgermeister. Doch seine Parteinahme in den Bauernkriegen gegen die Fürsten brachte

Das Teleobjektiv fügt Gegensätze zusammen: den 1894 vor der Würzburger Residenz aufgestellten Frankonia-Brunnen und die Türme des romanischen, im Zweiten Weltkrieg schwer zerstörten Doms.

Ein wunderschönes »Ensemble« sind Würzburgs Alte Mainbrücke von 1543 und die Festung Marienberg, auf der – vor dem Bau der Residenz – die Fürstbischöfe ihren Sitz hatten.

ihn um Ämter und Vermögen; bald nach seinem Tod im Jahr 1531 geriet er in Vergessenheit. Erst das 19. Jahrhundert hat ihn wiederentdeckt.
Wie kein anderer Künstler verkörpert Riemenschneider die Seele Mainfrankens. Die Begegnung mit seinen anrührenden biblischen Gestalten und lebensvollen Porträts historischer Persönlichkeiten in den Kirchen und Domen entlang des Mains gehört zu den bleibenden Erfahrungen einer Reise in diese Landschaft. Zu den schönsten Arbeiten Riemenschneiders im Mainfränkischen Museum zählen die Madonna mit Kind und Adam und Eva. Das erste Menschenpaar stand ursprünglich am Südportal des Würzburger Doms, in dem auch eines der ausdrucksvollsten Porträts Riemenschneiders zu sehen ist, das Grabmal Rudolf von Scherenbergs.

Der turmreiche Kiliansdom beherrscht das Stadtbild

Der Kiliansdom hat stark unter den Kriegszerstörungen gelitten, doch birgt die verbliebene Innenausstattung immer noch zahlreiche bedeutende Kunstwerke. Vor allem aber beherrscht seine türmereiche Silhouette wieder die Innenstadt, Symbol für den Wiederaufbau nach 1945.
Namenspatron des Domes ist der hl. Kilian, der Schutzpatron der Franken. Der iroschottische Missionar erlitt im 7. Jahrhundert zusammen mit seinen Gefährten Totnan und Kolonat in Würzburg den Märtyrertod. An der Stelle des Martyriums, der herzoglichen Pfalz und der ältesten Würzburger Bischofskirche, erhebt sich heute unweit des Doms das Neumünster, im Kern noch eine spätromanische Pfeilerbasilika, die im 18. Jahrhundert eine reiche barocke Schaufront mit wirkungsvoller Kuppel erhielt.
Vom Neumünster gelangt man durch eine Seitentür in das Lusamgärtlein mit Resten eines Kreuzgangs aus dem 12. Jahrhundert. Hier liegt das Grab des größten deutschen Minnesängers, Walthers von der Vogelweide, der aus dem Besitz des Neumünsters von Kaiser Friedrich II. ein Lehen erhalten hatte – gewissermaßen als eine Art Altersrente.
Die Versorgung alter und kranker Menschen war in früheren Jahrhunderten nicht einfach, wurde aber in vielen Städten vorbildlich gelöst. In Würzburg zeugen davon zwei große wohltätige Stiftungen, das Bürgerspital zum Heiligen Geist aus dem 14. Jahrhundert und das Juliusspital, das Fürstbischof Julius Echter von Mespelbrunn 1576 stiftete. Das Juliusspital ist im Barock und Frühklassizismus großzügig erweitert worden und gehört mit seinem Park zu den herausragenden Denkmalensembles der Stadt.

Auf der gleichen Mainseite wie die Festung liegt die von Balthasar Neumann erbaute Wallfahrtskirche Mariä Heimsuchung – doch so wird der barocke Traum selten genannt, sondern kurz »Käppele«.

Über die Alte Mainbrücke hinüber zum »Käppele«

Am Marktplatz vermittelt das »Haus zum Falken« mit seiner schönen Stuckfassade einen Eindruck von der einstigen Pracht bürgerlicher Wohnhäuser. Die benachbarte spätgotische Marienkapelle birgt eines der Hauptwerke Tilman Riemenschneiders, das Epitaph für den Hofmeister Konrad von Schaumberg. Balthasar Neumann hat hier die letzte Ruhe gefunden.
Die Alte Mainbrücke wurde 1488 erbaut und erhielt im 18. Jahrhundert ihren Figurenschmuck. Über die Mainbrücke geht es nicht nur zur Festung Marienberg, sondern auch über eine schöne Treppenanlage des 18. Jahrhunderts zur Wallfahrtskirche Mariae Heimsuchung, das »Käppele« auf dem Nikolausberg, dessen Hauptbau Balthasar Neumann schuf: für Kenner der schönste Platz, um die Symphonie der Stadtlandschaft zu genießen.

Vom Main gesehen gibt sich Frickenhausen etwas abweisend; hinter den Mauern entdeckt man eine Perle »Weinfrankens«. – Rechts: Die berühmte Bildsäule (1511) »Graue Marter« unweit von Sommerach.

Freunde fränkischer Weine kennen die Ortsnamen, die in diesem Kapitel genannt werden. Die Städtchen haben außer Weinstuben auch manch schönes Erbe der Vergangenheit. Höhepunkt ist Bamberg, das »deutsche Rom«.

Würzburg ist der Höhepunkt der Weinlandschaft Frankens. Viele Herzen schlagen in dieser Landschaft: Es sind die Städte und romantischen Weinorte, die sich von Würzburg mainaufwärts wie Perlen an einer Schnur aufreihen, und die Menschen, die in dieser Landschaft leben und arbeiten. Technik und Flurbereinigung haben zwar das Gesicht dieser gesegneten Landschaft verändert, und der Weinbau unterliegt den Normen und Kalkulationen des Marktes. Aber in der Begegnung mit den Menschen und Orten wird deutlich, daß auch Traditionen gepflegt werden, Geschichte lebendig geblieben ist und daß die tiefe Religiosität, die sich in den einmaligen Kunstwerken des Maintales offenbart, nicht zum Ritual erstarrt ist. Gegenwart und Vergangenheit stehen hier nicht nebeneinander, sie gehen nahtlos ineinander über.

So findet sich in **Randersacker** noch heute ein Gartenhäuschen der Rokokozeit, das einst Balthasar Neumann gehörte und wohl auch von ihm geschaffen wurde. Sehenswert sind in Randersacker der ehemalige Zehnthof des Würzburger Domkapitels aus dem 14. und 17. Jahrhundert, der Mönchshof des Klosters Heilbronn, schöne Weinbauernhöfe aus dem 16. bis 18. Jahrhundert und die im Kern spätromanische Pfarrkirche St. Stephan.

Eibelstadt hat seine Ursprünge in der Karolingerzeit und erhielt 1434 durch

FAHRT DURCH MAINFRANKEN IN DIE KAISERSTADT BAMBERG

Kaiser Sigismund Stadtrecht. Daraufhin wurde mit dem Bau der wehrhaften Stadtbefestigung begonnen, die noch heute den gut erhaltenen Ortskern mit seinen Wohnhäusern und dem Rathaus aus der Barockzeit umschließt. Am Marktplatz steht die schöne Mariensäule des 17. Jahrhunderts. Aus der gleichen Zeit stammt die hl. Kreuz-Kapelle. Die Pfarrkirche St. Nikolaus hatte einen spätromanischen Vorgängerbau, von dem noch der Westturm erhalten ist. Unter der reichen Ausstattung sind der Kreuzaltar, der Taufstein von 1613 und eine Kreuzigungsgruppe aus der Werkstatt Riemenschneiders hervorzuheben.
Auch **Sommerhausen** hat sich durch bis heute erhaltene Mauern und Tore in unruhigen Zeiten geschützt – ebenfalls gegen neidische Nachbarn, denn der Wohlstand der Sommerhausener war weithin bekannt. Hans Sachs in Nürnberg hat sie in seinen Gedichten verspottet. Aus der Blütezeit des Ortes im 16. Jahrhundert stammen das Renaissance-Rathaus und das Schloß der Schenken von Limpurg. Nach dem letzten Krieg wurde Sommerhausen zu einem beliebten Künstlerort und berühmt durch das winzige Torturmtheater.

Alte Mainstadt mit schönen Bürgerhäusern: Ochsenfurt

Ochsenfurt gewann früh Bedeutung durch eine Mainbrücke. Gozbald, der Kanzler König Ludwigs des Frommen, stiftete hier 825 eine Basilika. 1081 wurde in Ochsenfurt ein Gegenkönig zu Heinrich IV. gewählt. Das Stadtbild wird eindrucksvoll geprägt von in Stein und Fachwerk erbauten Bürgerhäusern des 17. und 18. Jahrhunderts und dem Rathaus von 1513. Die Pfarrkirche St. Andreas stammt aus dem 14. Jahrhundert, der spätromanische Turm gehörte zum 1288 geweihten Vorgängerbau. In der Kirche steht eine hervorragende Holzfigur des hl. Nikolaus, um 1510 geschaffen von Tilman Riemenschneider.
Von Ochsenfurt aus lohnt sich ein etwas längerer Abstecher nach Süden auf den Spuren des größten fränkischen Bildhauers: In der Pfarrkirche Maria Himmelfahrt in **Aub** findet sich eine schöne Kreuzigungsgruppe von ihm. Der Marienaltar in der Herrgottskirche unweit **Creglingen** zählt zu Riemenschneiders Hauptwerken, zugleich aber auch zu den bedeutendsten Altarwerken der Spätgotik in Süddeutschland – ein Wunder der Holzschnitzkunst. Unter einem Baldachin aus geradezu wuchernden Ranken und Astwerk schwebt Maria, umgeben von Engeln; zu ihren Füßen die ergriffenen Apostel. Unter den Schriftgelehrten am Unterbau des Altars, an der Predella, glaubt man in der mittleren Figur das Selbstporträt des Künstlers zu erkennen. Die Harmonie und Innigkeit dieses Kunstwerks gehören zu den unauslöschlichen Eindrücken einer Franken-Kunstreise.
An den Main zurückgekehrt, erreicht man, »schräg gegenüber« von Ochsenfurt, **Frickenhausen,** das innerhalb des gut erhaltenen Mauerrings wie viele Weinorte am Main auch noch dörflichen Charakter behalten hat und stattliche Weinbauernhöfe, aber auch Bürgerhäuser aus der Barockzeit aufweist. Frickenhausen war schon im Mittelalter wegen seiner ausgezeichneten Weinlagen begehrter Besitz; König Ludwig das Kind übereignete

Abseits des Mains liegt Creglingen, in dessen Herrgottskirche der hinreißende Marienaltar von Tilman Riemenschneider steht; er zählt zu den bedeutendsten deutschen Altarwerken der Spätgotik.

Die Krönung der Ochsenfurter Marktstraße ist das Neue Rathaus (1513) mit einem originellen Spielwerk im Uhrtürmchen, in dem auch zwei Ochsen – die Wappentiere der Stadt – aufeinandertreffen.

903 den Ort dem Würzburger Bischof. Das spätgotische Rathaus stammt aus dem 15. und 16. Jahrhundert. Die ab 1514 errichtete Pfarrkirche St. Gallus besitzt noch einen romanischen Turm. Eine schöne Aussicht auf die Stadt genießt man von der Valentinskapelle im Weinberg oberhalb von Frickenhausen.

Seine Blüte erreichte **Marktbreit** als Markt- und Handelsplatz ab dem 16. Jahrhundert. Das Rathaus (ab 1579) gehört mit seiner kraftvollen Giebelfassade es zu den herausragenden Baudenkmälern der deutschen Renaissance; sehenswert ist die getäfelte Ratsstube. Schöne Fachwerkhäuser gruppieren sich im Malerwinkel um das Rathaus. In der Schustergasse stehen die stattlichen Wohnhäuser des kaiserlichen Hoffaktors Wertheimer aus Wien und der Kaufmannsfamilie Günther. Das Schloß von 1580 erinnert an die Herrschaft Seinsheim, die 1643 von den bedeutenden Reichsfürsten Schwarzenberg abgelöst wurde. In deren Wirtschaftspolitik spielte Marktbreit eine wichtige Rolle, an die noch der Mainkran von 1773 erinnert. **Sulzfeld** gehört zu den schönsten mauerumwehrten Städtchen am Main. Fürstbischof Julius Echter von Würzburg sorgte um 1600 für die Erneuerung der Wehranlagen. Aus dieser Zeit stammt auch das monumentale Rathaus.

Kitzingen verdankt seine Entwicklung im Mittelalter einer Mainbrücke, die bereits für die Zeit um 1300 nachgewiesen ist. Auf ihr überquerte die alte Reichsstraße von Frankfurt über Würzburg nach Regensburg den Fluß. Die Ursprünge des Ortes sind bereits karolingisch. Im Zentrum eines umfangreichen Königsgutes entstand im 8. Jahrhundert ein Kloster, dessen erste Äbtissin Hadeloga war, eine Tochter Karl Martells. Kaiserliche Urkunden des 11. und 12. Jahrhunderts bezeugen die Bedeutung dieses Klosters, das im Winter 1227/28 die hl. Elisabeth von Thüringen beherbergte.

Im Falterturm Kitzingens ein Fastnachtsmuseum

Im 17. Jahrhundert fiel der Besitz endgültig an das Würzburger Hochstift. Aus dieser Zeit stammt die ehemalige Ursulinerinnenkirche. Die Pfarrkirche St. Johannes ist eine dreischiffige Hallenkirche des 15. Jahrhunderts

Über den Weinhängen ist im Hintergrund die Vogelsburg zu erkennen, aus deren schattigem Garten bei einem guten Schoppen der reizvolle Blick über die Volkacher Mainschleife besonders entspannend ist.

Durch das Maintor gelangt man in die »City« von Marktbreit – und da steht gleich das Rathaus (beide um 1600) mit dem schönen dreigeschossigen Giebel und der Figur des hl. Georg an der Ecke.

Der unter Fürstbischof Julius Echter bevorzugte nachgotische Baustil, auch Julius-Stil genannt, zeichnet die Wallfahrtskirche »Maria im Sand« (um 1615) in Dettelbach aus.

mit zum Teil original erhaltener Innenbemalung. Das wuchtige Rathaus wurde 1561/63 erbaut. Im Falterturm, dem Wahrzeichen Kitzingens, befindet sich das interessante Fastnachtsmuseum.
Jenseits des Mains liegt in **Etwashausen** die Heiligkreuzkirche, ein Hauptwerk Balthasar Neumanns von 1741/1745. Ohne Stuck- und Farbeffekte entfaltet sich die Raumwirkung ganz durch die geniale Architektur.
Auch **Dettelbach** gehörte schon im 8. Jahrhundert zum karolingischen Königsgut um Kitzingen. Besondere Bedeutung erhielt der Ort im 16. Jahrhundert durch eine Wallfahrt, die der Ursprung der Wallfahrtskirche Maria im Sande ist. Von der 1506 begonnenen Kirche ist noch der Chor mit kunstvollem Gewölbe erhalten. 1613 ließ Fürstbischof Julius Echter von Mespelbrunn einen Neubau mit prunkvollem Westportal errichten. Im Inneren ist der freistehende Gnadenaltar von 1779 bemerkenswert.
Dettelbachs Rathaus von 1512 gehört zu den in Franken häufig anzutreffenden Brückenbauten. Sehenswert sind mehrere stattliche Weinbauernhöfe des 17. und 18. Jahrhunderts. Auf der gegenüberliegenden Mainseite befindet sich die spätgotische Anlage von Schloß Mainsondheim aus dem 16. Jahrhundert.

Uralte Klostertraditionen in Münsterschwarzach

In **Münsterschwarzach** bestand schon vor 800 ein Frauenkloster auf einem karolingischen Königsgut. Zu Beginn des 9. Jahrhunderts gehörte es zu den angesehensten Klöstern des Reiches. Theodrada, Tochter Karls des Großen, war hier Äbtissin, später auch zwei Töchter Ludwigs des Deutschen. Über Jahrhunderte erlebte das Kloster eine sehr wechselvolle Geschichte. Von 1727 bis 1743 entstand nach Plänen von Balthasar Neumann ein Kirchenneubau, an dessen Ausstattung Tiepolo mitwirkte. Mit einer inneren Kuppelhöhe von 52 Metern war sie Deutschlands höchster sakraler Innenraum. Nach der Säkularisation wurde die Kirche im 19. Jahrhundert abgebrochen. An ihrer Stelle entstand 1935/38 ein Neubau, der an die frühere Monumentalität anknüpft und sie mit romanischer Strenge verbindet. Die Klostermühle von Balthasar Neumann ist erhalten geblieben.
Auf der Weiterfahrt stößt man bei **Gerlachshausen** auf die graue Marter von 1511, einen der schönsten Bildstöcke Mainfrankens. Bildstöcke sind ein charakteristisches Merkmal Mainfrankens, Zeugen tiefer Frömmigkeit und eines ausgeprägten Kunstsinnes. Meist aus Sandstein gehauen, markieren sie Wallfahrtswege, Weggabelungen, Brücken oder Weinbergsgrenzen. Sie stellen die Passion Christi dar, die Gottesmutter Maria, die 14 Nothelfer oder andere Heilige, zum Beispiel den hl. Urban, den Schutzpatron der Winzer. In vielen Mainorten gibt es ausgeschilderte Bildstock-Rundwege, etwa in **Sommerach** und **Nordheim am Main.** In beiden Orten erinnern stattliche Zehnthöfe aus dem 17. Jahrhundert an die frühere Zugehörigkeit zum Kloster Münsterschwarzach.

Die Weiterfahrt nach Volkach führt an der Hallburg aus dem 15. und 16. Jahrhundert vorbei. Lohnender ist der Weg über Escherndorf hinauf auf den Rücken der Volkacher Mainschleife, wo man von der Vogelsburg eine großartige Aussicht in das Maintal genießt. Von der fränkischen Königsburg, die hier wohl an der Stelle einer keltischen Flieburg errichtet wurde, sind nur noch schwache Geländespuren zu erkennen.

Volkach, eine sehenswerte fränkische Weinstadt

Volkach erhielt im 14. Jahrhundert Stadtrecht und gelangte wegen seiner verkehrsgünstigen Lage zu Wohlstand, von dem bis heute schöne Bürgerhäuser zeugen. Dazu gehören das barocke Schelfenhaus, in dem sich das Heimatmuseum befindet, das ehemalige Würzburger Amtshaus und das für diese Landschaft typische Renaissance-Rathaus mit doppelläufiger Freitreppe.
Hauptattraktion Volkachs ist die Wallfahrtskirche Maria im Weingarten. Die spätgotische Kirche wurde Mitte des 15. Jahrhunderts errichtet, aber die Wallfahrt ist älter, worauf auch das Gnadenbild aus der Zeit vor 1400 hinweist. Bedeutendstes Kunstwerk der Kirche ist Tilman Riemenschneiders Spätwerk Maria im Rosenkranz von 1521/24. Lebensgroß schwebt Maria im Raum, umgeben vom Strahlenkranz der Sonne, umringt von sechs Engeln und Putten. Eingerahmt wird die Gruppe von einem Kranz aus 50 Rosen, der durch Medaillons mit Szenen aus dem Marienleben unterbrochen wird.

Ein früher Brückenschlag über den Main begünstigte die Entwicklung von Kitzingen. Die heutige Brücke stammt aus der Barockzeit – wie die italienisch anmutende evangelische Pfarrkirche.

An herrschaftliche Traditionen erinnert die Ritterkapelle St. Maria in der Vorstadt von Haßfurt; außen ist vor allem das Westportal mit seinem Heilige-Drei-Könige-Tympanon sehenswert.

Gaibach, drei Kilometer nördlich von Volkach, ist einen Abstecher wert: Das Schloß der Grafen von Schönborn war ursprünglich ein quadratisches Wasserschloß mit mächtigen barocken Bastionen, die aber zu Anfang des 19. Jahrhunderts bis auf die nordöstliche abgebrochen wurden. Zu dieser Zeit entstand auch der klassizistische Konstitutionssaal nach Entwürfen von Leo von Klenze, dem großen Baumeister König Ludwigs I. von Bayern. Er erinnert an den Erlaß der Verfassung des Königreiches Bayern. Aus gleichem Anlaß wurde auf der nahegelegenen Schönbornhöhe nach Leo von Klenzes Entwurf die Konstitutionssäule errichtet. Der weitläufige Barockgarten des Schlosses war einst berühmt. Er wurde später in einen englischen Park umgewandelt. Die Pfarrkirche zur Hl. Dreifaltigkeit in Gaibach ist eine bedeutende Schöpfung Balthasar Neumanns von 1742/45. Wie die Heiligkreuzkirche in Kitzingen bezieht der einschiffige Innenraum unter Verzicht auf Stuck seine Wirkung allein aus der Architektur.

Schloß Werneck: von außen immer noch eindrucksvoll

Auf dem Weg mainaufwärts vorbei an Schloß Klingenberg nach Schweinfurt empfiehlt sich ein Abstecher nach **Werneck.** Hier errichtete 1733/44 Balthasar Neumann die Sommerresidenz der Würzburger Fürstbischöfe. Die neuzeitliche Umwandlung des Schlosses in ein Krankenhaus hat die Innenausstattung bis auf die Schloßkapelle beseitigt, doch vermittelt die äußere Baugestalt vor allem mit der reich gegliederten Gartenfront eindrucksvoll die Pracht von einst in Einklang mit einem weitläufigen, Ende des 18. Jahrhunderts »anglisierten« Park.

Schweinfurt wurde im Zweiten Weltkrieg schwer zerstört – ein Schicksal, das die Stadt nicht zum erstenmal erlitten hat. Im Jahre 1003 ließ Kaiser Heinrich II. Schweinfurt bis auf die Burg zerstören, und im 16. Jahrhundert legte der Markgrafenkrieg sie erneut in Trümmer. Doch Schweinfurt ist immer wieder auferstanden, in unserer Zeit freilich als moderne Industriestadt, die nur noch wenige Baudenkmäler aufzuweisen hat. Von der ehemaligen Reichsfreiheit, welche die Stadt im 13. Jahrhundert erhielt und im 14. Jahrhundert gegen kaiserliche Pfändungen unter großen Opfern verteidigte, zeugt der Doppeladler am Rathaus, einem hervorragenden Renaissancebau von 1572. Das ehemalige Alte Gymnasium und das ehemalige Zeughaus gehören ebenfalls dieser Epoche an. Auch der überwiegend spätromanische Bau der Stadtpfarrkirche St. Johannis ist sehenswert.

Wechselvolles Auf und Ab seit dem 14. Jahrhundert

Schloß Mainberg, wenige Kilometer mainaufwärts von Schweinfurt gelegen, hat eine wechselvolle Geschichte und war im 14. Jahrhundert Reichs-

Eines der letzten Werke Balthasar Neumanns war die Wallfahrtskirche Maria Limbach bei Eltmann. Der opulente Altar und die Innenausstattung sind hervorragendes Rokoko.

In alter Renaissance-Pracht erstrahlt nach langen Wiederherstellungsarbeiten das Rathaus von Schweinfurt. Die einstige Reichsstadt ist heute vor allem für ihre Kugellagerfabrikation bekannt.

gut. Bei allen Besitzwechseln mußte die Zustimmung des deutschen Königs eingeholt werden. Nach der Säkularisierung begann der Bau zu verfallen, wechselnde bürgerliche Besitzer haben das Schloß immer wieder verändert, doch sind auch Teile aus dem 13. bis 16. Jahrhundert erhalten geblieben. Am Fuß des Burgberges liegt das stattliche Würzburger Amtshaus aus der Zeit um 1700.

Was wie ein Schloß aussieht, wieder ein paar Kilometer mainauf, ist ursprünglich ein Kloster gewesen: Die ehemalige Benediktinerabtei **Obertheres** geht jedoch wiederum auf eine Burg zurück, die schon um 900 nachgewiesen ist. Im 11. Jahrhundert wurde das Kloster gegründet, von dem noch gut erhaltene Mauerreste zu sehen sind. 1724/43 entstand dann die barocke Klosteranlage, deren Kirche nach der Säkularisation abgebrochen wurde. Aus dem Rest entstand ein fränkisches Landschloß, das die Freiherren von Swaine bis heute als Privatbesitz unterhalten.

Haßfurts Pfarrkirche St. Kilian, Kolonat und Totnan, mit ihren gedrungenen Türmen äußerlich eher bescheiden, ist eine schöne gotische dreischiffige Hallenanlage. Von Tilman Riemenschneider stammt die ausdrucksvolle Figur des Johannes des Täufers, und zumindest aus seiner Werkstatt kommen die Madonna mit Kind und die drei Frankenheiligen als Patrone der Kirche.

Die Ritterkapelle St. Maria in Haßfurt geht vermutlich auf eine Marienwallfahrt zurück und verdankt ihre heutige Gestalt den Würzburger Fürstbischöfen, ihren Namen einer 1408 von Dr. Abundi, Rechtsberater des Kaisers auf dem Konstanzer Konzil, gegründeten Ritterbruderschaft, die in Haßfurt prächtige Versammlungen abhielt. Diese Rittertage wurden zum Anlaß des originellen Schmucks der Kirche: Den reich gegliederten Chor umzieht ein Fries von 248 Adelswappen fränkischer, schwäbischer und anderer Geschlechter. Besonders beachtenswert auch das Tympanon des Westportals mit einer Darstellung der Heiligen Drei Könige.

Zeil am Main: über dem Marktplatz das Schloß

Mit **Zeil am Main** erreicht man das einstige Hochstift Bamberg. Dieser Grenzlage zum Gebiet des Hochstifts Würzburg verdankt der Ort seine starke Befestigung, die zum Teil gut erhalten ist. Der ansteigende Marktplatz mit Fachwerkhäusern des 16. und 17. Jahrhunderts wird vom ehemaligen fürstbischöflichen Schloß beherrscht. Oberhalb der Stadt genießt man vom Kapellenberg mit neuromanischer

Als Sommerresidenz der Würzburger Fürstbischöfe errichtete Balthasar Neumann das Schloß in Werneck – doch die hohen Herren zogen sehr bald das Veitshöchheimer Schloß diesem vor.

Wallfahrtskirche eine schöne Aussicht. Östlich liegt die Ruine Schmachtenberg.
In **Ebelsbach** mit dem malerischen Schloß der Freiherren von Rotenhan, einem bedeutenden fränkischen Adelsgeschlecht, überquert man den Main, fährt ein Stückchen westwärts und gelangt nach **Limbach.** Hier lohnt die Wallfahrtskirche Maria Heimsuchung den kleinen Umweg: Sie ist eines der letzten Werke des großen Balthasar Neumann.

Bamberg war einst Mittelpunkt des Reiches

Auch das deutsche Rom wird sie genannt, die Stadt auf den sieben Hübeln – **Bamberg.** Es verdankt seinen Aufstieg Heinrich II., als Herzog von Baiern 1002 zum deutschen König gewählt und 1014 in Rom zum Kaiser gekrönt. Ursprünglich eine Burg der Babenberger, war der Ort durch Schenkung 973 den bairischen Herzögen zugefallen. Heinrich schenkte ihn seiner Frau Kunigunde als Heiratsgut. 1007 stiftete Heinrich II. auf der Reichssynode in Frankfurt gegen den Widerstand des Bischofs von Würzburg, der dadurch Gebiete und Einfluß in Franken verlor, das Bistum Bamberg. Damit legte er den Grundstein zur Entwicklung Bambergs als Bischofsstadt, die mit Domschule und Reichkanzlei zum politischen und geistigen Mittelpunkt seines Reiches wurde. Glänzende Hoftage wurden hier gehalten. Bereits zur Zeit Kaiser Heinrichs II. entstanden die Grundzüge der heutigen Stadtgestalt, die zum Inbegriff einer historischen, über Jahrhunderte gewachsenen und unzerstörten Stadt geworden ist. In ihren Bauten und Denkmälern ist ihre Geschichte ables- und erlebbar.
Lange Zeit blieb Bamberg eine romanische Stadt der Kirchen, Stifte und des Klerus auf den Hügeln. Das Bürgertum konnte sich nur langsam entfalten unterhalb des Dombergs und auf der Regnitzinsel. Erst im 17. Jahrhundert ist die Stadt zusammengewachsen und erhielt die barocke Überformung, die heute neben dem Mittelalter den Stadtkern prägt, an den sich im 19. Jahrhundert eine großzügige Bebauung jenseits des Flusses anschloß.
Zentrum blieb aber auch im 18. Jahrhundert der Domberg. Kaiser Heinrich II. hatte auf dem Babenberger Burgplateau den ersten Dom errichtet, der 1012 geweiht wurde und durch archäologische Grabungen nachgewiesen ist. Nach Bränden im 11. Jahrhundert wurde mit den Neubau des heutigen Domes St. Peter und Georg begonnen, der deutlich an den Heinrichsdom anknüpft. 1237 wurde der Dom geweiht. Die prachtvolle Innenausstattung der Barockzeit wurde auf Veranlassung König Ludwigs I. von Bayern im 19. Jahrhundert entfernt, so daß sich heute der Bau wieder als Erinnungsstätte Heinrichs II. und seiner Zeit präsentiert.
Den Übergang von der Romanik zur Gotik erfährt man im Innern vor allem im spannungsreichen Kontrast

Tilman Riemenschneider schuf das Grabmal Kaiser Heinrichs II. im Bamberger Dom, das Lebensszenen des Kaisers zeigt – hier etwa seine Steinheilung durch den hl. Benedikt in Monte Cassino.

Ebenfalls im Dom begeistert das erste monumentale Reiterstandbild Deutschlands – der Bamberger Reiter. Der Unbekannte gilt als »Idealbild hochmittelalterlichen König- und Rittertums«.

Der Bamberger Dom, am 6. Mai 1237 geweiht, zeigt in wunderbarer Eindrücklichkeit den Übergang von der Romanik zur Gotik; hier die Ostansicht mit der Apsis des Georgenchores.

zwischen dem Georgenchor im Osten und dem westlichen Peterschor. Frühvollendet, ist der Bamberger Dom ein Höhepunkt der Sakralbaukunst in Deutschland. Nicht weniger berühmt sind seine Meisterwerke der Steinplastik. Ihnen begegnet man bereits an den Portalen. Am rechten der beiden der Stadt zugewandten Eingänge, der Gnadenpforte, finden sich das Kaiserpaar Heinrich und Kunigunde sowie Domerbauer Bischof Ekbert. In romanischer Strenge und prächtig zugleich präsentiert sich das Fürstenportal, das an die Kathedrale im französischen Reims erinnert.

Der sogenannte Bamberger Reiter gilt als erstes monumentales Reiterstandbild in Deutschland und Verkörperung staufischen Königtums schlechthin. Wen die Plastik darstellt, ist unbekannt. Kaiser Heinrich II. als junger König oder sein Schwager, König Stephan der Heilige von Ungarn, sind zwei von vielen Deutungen. Berühmtestes Grabdenkmal ist die Tumba für Kaiser Heinrich II. und Kunigunde, die Tilman Riemenschneider zwischen 1494 und 1513 schuf. Auf der Deckplatte ruht das Kaiserpaar, Reliefs an den Seiten erzählen aus ihrem Leben. Ein weiterer Herrscher, Konrad III., der in Bamberg an den Folgen eines Kreuzzuges starb, wurde in der Domkrypta beigesetzt.

Kunstschätze in Dom und Diözesanmuseum

Das Innere des Kaiserdomes birgt eine Fülle weiterer Kunstschätze, von denen die Georgenchorschranken mit ausdrucksvollen Reliefdarstellungen der Apostel und Propheten, der Marienaltar des Nürnberger Meisters Veit Stoß von 1523 und zahlreiche vorzügliche Bischofsgrabmäler genannt seien. Weitere Kostbarkeiten aus der Zeit Kaiser Heinrichs II. sind im Diözesanmuseum zu sehen, dem 1733 von Balthasar Neumann errichteten Kapitelhaus, vor allem der Sternenmantel und der Reitermantel des Kaisers und der Chormantel seiner Gemahlin Kunigunde.

Einen großen Teil des Dombezirks

nehmen die zahlreichen Domherrenhöfe ein, die zum Teil spätmittelalterlich sind, zum Teil dem 16. bis 18. Jahrhundert angehören. Die Alte Hofhaltung war die einstige königliche Pfalz Heinrichs II. und wurde durch seine Stiftung zur Bischofspfalz. Der erhaltene Renaissancebau mit der reich geschmückten Schönen Pforte und der zum Domplatz hin gelegenen Neuen Ratsstube stellt nur einen Teil der früheren Bischöflichen Residenz dar. Der Innenhof bietet heute eine stimmungsvolle Kulisse für sommerliche Theateraufführungen. Die Alte Hofhaltung beherbergt das sehenswerte Historische Museum.

Neue Residenz: unvollendet, doch prächtig ausgestattet

Mit der Neuen Residenz ließ Fürstbischof Lothar Franz von Schönborn nach Plänen von Leonhard Dientzenhofer einen neuen Abschluß des Domberges zur Stadt und nach Norden errichten. Geldmangel verhinderte eine Fortführung des Baus auf der Westseite. Die fertiggestellten Teile wurden im 18. Jahrhundert prächtig ausgestattet. Besonders sehenswert sind die Räume des fürstbischöflichen Appartements und das zweite Obergeschoß des Hauptflügels mit den Kaiserappartements und dem Kaisersaal, wo zahlreiche Bildwerke das Haus Habsburg verherrlichen.
Nach der Säkularisierung verlor die Neue Residenz nicht ihre herrschaftliche Bedeutung: Herzog Wilhelm in Bayern wohnte hier, später Kronprinz Maximilian und nach seiner Abdankung von 1862 bis 1867 König Otto von Griechenland. Und um 1900 bewohnte Kronprinz Rupprecht von Bayern die Residenz. Heute ist in der Neuen Residenz eine Barockgalerie der Bayerischen Staatsgemäldesammlungen untergebracht, die unter anderem Werke von Hans Baldung Grien und Lucas Cranach d. Ä. zeigt.
Als Kontrapunkt zum Domberg – und neben ihm das Stadtbild beherrschend – thront das ehemalige Benediktinerkloster St. Michael über Bamberg. Kaiser Heinrich II. hat das 1015 gegründete Kloster reich ausgestattet. Die heutige weitgehend barocke Gestalt des Klosters entstand im 18. Jahrhundert. Johann Leonhard Dientzenhofer und sein Bruder Johann sowie Balthasar Neumann haben sie geprägt. Im Innern der Basilika, der die Brüder Dientzenhofer eine barocke Fassade mit Freitreppe vorsetzten, überrascht eine ungewöhnliche Ausmalung der Gewölbe im Quer- und Langhaus, die um 1414/17 entstand: Insgesamt 578 Darstellungen von Blumen und Pflanzen bilden ein mit botanischer Genauigkeit angelegtes Herbarium als Paradiesgarten.
Auf dem Weg von Michelsberg in die Stadt gelangt man zur Jakobskirche, hinter deren barocker Ostfassade sich eine schlichte romanische Säulenbasilika verbirgt, und zur ebenfalls romanischen Karmelitenkirche. Leonhard Dientzenhofer hat ihr 1707 eine neue Schaufassade gegeben, doch sind die Westfassade und die Außenmauern der Seitenschiffe aus dem 12. Jahrhundert erhalten geblieben. Einzigartig ist der Kreuzgang des Karmelitenklosters in seiner Verbindung von romanischer Baugestalt und reichem gotischen Figurenschmuck.
Die Stadtpfarrkirche Zu Unserer Lieben Frau mit ihrem steil aufragenden Chor ist das Hauptwerk der Gotik in Bamberg. Das Innere der im 15. Jahrhundert vollendeten Kirche wurde ab 1711 barockisiert; der in der Gotik nicht fertiggestellte Turm erhielt 1538 eine Türmerstube aufgesetzt.

Kaisergattin Kunigunde bezahlte den Kirchenbau

St. Stephan führt wieder zurück in die Kaiserzeit des Mittelalters: Die erste Kirche des ehemaligen Chorherrenstifts wurde im Beisein Heinrichs II. 1020 von Papst Benedikt VIII. geweiht. Die Gemahlin Heinrichs II., Kunigunde, soll nach der Legende den Kirchenbau bezahlt haben, worauf eine Darstellung am Kaisergrab im

Ein Muß in Bamberg: Symbol der bürgerlichen Stadt ist das in der Regnitz stehende »Inselrathaus«. Dieses schön barockisierte sogenannte Alte Rathaus geht im Kern auf einen Bau von 1453 zurück.

Zwei Palais ließ sich der kinderreiche Hofrat Ignaz Böttinger in Bamberg errichten – eines ist das 1722 errichtete Wasserschloß Concordia, das wohl nach Plänen Dientzenhofers gebaut wurde.

Dom Bezug nimmt. Die jetzige Kirche ist ein Neubau des 17. Jahrhunderts, lediglich der Turm an der Langhausnordseite weist in das 13. Jahrhundert zurück.
Am Fuße des Stephansberges stößt man auf zwei der bedeutendsten bürgerlichen Barockbauten der Stadt: das Böttingerhaus von 1708/13 mit prächtiger Fassade und aufwendigem Treppenhaus und das ebenfalls von dem fürstbischöflichen Hofrat Böttinger in Auftrag gegebene Palais Concordia. Mit seiner Lage unmittelbar am Ufer der Regnitz erinnert der wohl von Johann Dientzenhofer entworfene Bau an ein Wasserschloß, dessen Harmonie man am besten von der anderen Seite des Flusses erleben kann.

Auf einer Insel in der Regnitz – das Rathaus

Wahrzeichen des bürgerlichen Bamberg, das sich seit dem Mittelalter zu Füßen des Domberges entwickelte, ist das Rathaus, das sich auf einer Insel in der Regnitz erhebt. An die ursprüngliche Gestalt erinnert noch das Rottmeisterhaus an der Südspitze der Insel. Der übrige Bau und der Brückturm wurden jedoch im 18. Jahrhundert barock überformt. Der Turm erhielt reichen plastischen Schmuck mit den Wappen der Stadt und des Fürstbischofs, der Hauptbau mit dem stuckierten Ratssaal im Obergeschoß üppige Fassadenmalereien.
An der unteren Rathausbrücke bietet sich vom Standort der Figur der hl. Kunigunde von 1744/45 ein schöner Blick auf das alte Fischerviertel, das nicht zu Unrecht auch Klein Venedig genannt wird. Oberhalb des Rathauses liegt das ehemalige fürstbischöfliche Wasserschloß Geyerswörth, das zwischen 1585 und 1587 errichtet wurde.
Östlich der Regnitz breitet sich die Inselstadt aus, die zusammen mit dem sogenannten Sand unterhalb des Domberges schon im Mittelalter die Bürgerstadt gewesen ist. Heute ist dies das eigentliche geschäftige Zentrum Bambergs, nach wie vor aber geprägt von alten Fachwerkhäusern in den stilleren Straßen und von barokken Fassaden repräsentativer Häuserzeilen. Balthasar Neumann hat auch hier seine Spuren hinterlassen: Von ihm stammen das ehemalige Katharinenspital am Grünen Markt, das heute ein Wohn- und Geschäftshaus ist, und das ehemalige Klerikalseminar, jetzt Neues Rathaus. Die Stadtpfarrkirche St. Martin schufen Georg und Johann Leonhard Dientzenhofer 1686/93.
Am Schillerplatz liegt das E.T.A.-Hoffmann-Theater, benannt nach dem großen Dichter der deutschen Romantik, der in den Jahren 1809/13 in einem schmalen Haus gegenüber lebte (Museum). In seinen Werken ist Alt-Bamberg lebendig geblieben.
Schließlich sollte man noch hinauf zur Altenburg südwestlich der Stadt. Bereits im 12. Jahrhundert genannt, wurde die Burg im 14./15. Jahrhundert ausgebaut und befestigt. Nach Zerstörungen im Markgrafen-Krieg 1563 erfolgte im 19. Jahrhundert der Wiederaufbau im Geiste altdeutscher Romantik. Von den Mauern der Altenburg genießt man einen schönen Blick über Stadt und Land.

Von der Altenburg hat man den schönsten Blick auf Bamberg; deutlich ragt rechts der Dom aus den Dächern hervor und links der monumentale Komplex der ehemaligen Benediktinerabtei St. Michael.

Der gewaltige, etwa um 1040 gegründete Burgkomplex dominiert das Stadtbild von Nürnberg. – Rechts: Die Holzfigur des Apostels Andreas von Veit Stoß steht in Nürnbergs Sebalder Kirche.

Einen kleinen Umweg muß man machen – aber das prachtvolle Schloß Weißenstein in Pommersfelden lohnt die Besichtigung. Über Forchheim und Erlangen geht es nach Nürnberg, der traditionsreichen Kaiserstadt.

Die rund zwei Dutzend Kilometer von Bamberg nach Süden zur nächsten größeren Station Forchheim kann man in wenigen Minuten auf der Schnellstraße zurücklegen. Der geschichtlich interessierte Kunstfreund wird aber die Nebenstraßen vorziehen – und dabei weniger beachtete Kostbarkeiten entdecken. **Schloß Seehof** im Nordosten vor den Toren Bambergs wurde 1687/96 als Jagd- und Lustschloß der Bamberger Fürstbischöfe errichtet. Die gedrungene Vierflügelanlage erinnert vor allem mit seinem Arkadenhof noch an die Renaissance. Lange vernachlässigt, erlebt das Schloß jetzt – im Besitz des Bayerischen Landesamtes für Denkmalpflege – eine Wiedergeburt. Zu einer eigenen kleinen Kunstreise kann der Abstecher von Hirschaid ins Tal der Reichen Ebrach werden. Über **Schlüsselau** mit dem Zisterzienserinnenkloster aus dem späten 13. Jahrhundert und **Sambach,** dessen stattlicher Pfarrhof einmal ein Schloß war, das Johann Dientzenhofer 1709 errichtete, gelangt man nach **Pommersfelden.** Schloß Weißenstein wurde eigentlich als »Privatschloß« Fürstbischof Lothar Franz von Schönborns 1711/18 errichtet. Aber schon das Zusammenwirken des für ihn auch in Bamberg tätigen Architekten Johann Dientzenhofer mit dem Mainzer Maximilian von Welsch und dem Wiener Hofarchitekten Johann Lukas von Hildebrandt verweist auf einen größeren

ETAPPENZIEL: »DES DEUTSCHEN REICHES SCHATZKÄSTLEIN«

Bambergs Fürstbischof Lothar Franz von Schönborn – die Schönborns waren eine äußerst baufreudige Familie – ließ sich ab 1711 das großartige Schloß Weißenstein bei Pommersfelden errichten.

Zusammenhang und politischen Hintergrund des Schloßbaues.
Der Fürst spielte in der Reichspolitik eine bedeutende Rolle und war dem Kaiserhaus der Habsburger eng verbunden. Er residierte nicht nur in Bamberg, sondern auch als Erzbischof in Mainz, gehörte damit zu den Kurfürsten des Reiches und war dessen Erzkanzler. Die Wahl von Kaiser Karl VI. wurde von ihm vorbereitet und durchgeführt. Die Grundsteinlegung von Schloß Weißenstein erfolgte am 1. Oktober 1711, dem Tag der Kaiserkrönung in Frankfurt. Der Wiener Hof steuerte zu dem Bau eine Summe von 100 000 Talern bei. Die Konversion der Kaiserin zum katholischen Glauben hatte Lothar Franz von Schönborn im Bamberger Dom durchgeführt. Wie mit dem Kaisersaal der Bamberger Neuen Residenz feierte er mit Weißenstein seine offizielle und persönliche Beziehung zu Reich und Kaiserhaus. Nur so ist zu verstehen, daß hier in einer rein ländlichen Umgebung einer der größten und repräsentativsten Schloßbauten des 18. Jahrhunderts entstand.

Das imposante Treppenhaus führt in prunkvolle Säle

Der Festlichkeit der äußeren Schloßfassaden entspricht im Innern als Mittelpunkt das prunkvolle Treppenhaus, das zum Marmorsaal, den Kurfürsten- und den Kaiserzimmern im ersten Obergeschoß und zum darunter liegenden Grottensaal führt. Herausragende Maler und Stukkateure des 18. Jahrhunderts haben an der Ausstattung des Schlosses gearbeitet, die Architektur und Mobiliar äußerst harmonisch vereint.
Zurück ins Regnitztal. Hier verdient die Pfarrkirche St. Sigismund in **Seußling** Beachtung. Von Karl dem Großen 793/94 im Grenzgebiet von ostfränkischem Reich und dem Gebiet der Slawen gegründet, erhielt die Kirche 1354 von Kaiser Karl IV. eine Armreliquie des hl. Sigismund. So wurde der Heilige Patron der heutigen spätgotischen Kirche.
Auch **Buttenheim** könnte zu den Urpfarreien Karls des Großen gehört haben. Die heutige Pfarrkirche St. Bartholomäus ist im wesentlichen eine Schöpfung des Bamberger Architekten Küchel von 1754/57. Ganz konträr dagegen präsentiert sich die Pfarrkirche St. Martin in **Eggolsheim.** Sie ist ein klassizistischer tempelartiger Bau von 1827/30, der Leo von Klenze zugesprochen wird. Südlich von Eggolsheim, auf einem Ausläufer des Fränkischen Jura, steht das ehemalige Jagdschloß Jägersburg, das Fürstbischof Lothar Franz von Schönborn 1721/28 errichten ließ.
Das heute eher beschauliche **Forch-**

Die drei Geschosse des Mittelbaues nimmt es ein und ist daher Zentrum des Pommersfeldener Schlosses: das Treppenhaus. Es gilt als eines der bedeutendsten Barocktreppenhäuser Deutschlands.

Einen etwas grottenähnlichen Eindruck – Schmuckmaterial sind u. a. Muscheln – vermittelt der Gartensaal in Schloß Weißenstein. Die Statuen stellen die vier Elemente und vier Jahreszeiten dar.

heim war im frühen Mittelalter ein zentraler Ort des ostfränkischen Reiches. Um 750 entstand hier ein Königshof, der 805 in dem Erlaß Karls des Großen über den Waffenhandel mit den slawischen Gebieten genannt wurde. Angesichts der Größe und strategischen Bedeutung dieses Reichsgutes kann man vermuten, daß schon in der ersten Hälfte des 9. Jahrhunderts ein Pfalzbau entstand.

Forchheim, die »Wiege deutschen Königtums«

Die große Zeit Forchheims begann im ausgehenden 9. und beginnenden 10. Jahrhundert, als die Pfalz den Karolingern häufig als Aufenthaltsort diente und Reichs-, Fürsten- und Kirchenversammlungen stattfanden.
Ludwig der Deutsche verhandelte auf den Forchheimer Reichstagen 872 und 874 mit seinen Söhnen über seine Nachfolge im Reich. Kaiser Arnulf von Kärnten hielt bald nach seiner Wahl in Frankfurt 887 in Forchheim Hof. Sein unmündiger Sohn und Nachfolger, Ludwig das Kind, wurde im Jahre 900 hier zum König gewählt und gekrönt. Auch sein Nachfolger, Konrad I., wurde 911 in Forchheim gewählt.
1007 schenkte Kaiser Heinrich II. das Königsgut dem neugegründeten Bistum Bamberg. Ab dem 12. Jahrhundert verlor Forchheim seine reichspolitische Bedeutung. So wurde auch die Pfalz zwar an der Stelle karolingischer Gebäude errichtet, ist aber als Neubau des 14. Jahrhunderts bischöfliche Residenz. Der in späterer Zeit wiederholt veränderte Komplex ist vor allem wegen seiner Wandmalereien in den Sälen des Palas sehenswert. Sie stammen aus dem späten 14. und der Mitte des 16. Jahrhunderts.
Ab 1552 wurde Forchheim zu einer starken Festung nach italienischen Vorbildern ausgebaut. Einige der Festungsbauten sind noch erhalten, beispielsweise das prächtige Nürnberger Tor. Das Ortsbild wird durch eine Reihe schöner Häuser des 18. Jahrhunderts mit Sandsteinfassaden, vor allem aber durch Fachwerkhäuser aus dem 15. bis 17. Jahrhundert geprägt, die um das Rathaus ein eindrucksvolles altfränkisches Ensemble bilden. Und in der Pfarrkirche St. Martin befinden sich bedeutende spätgotische Tafelbilder.
Erlangens städtische Entwicklung begann mit Kaiser Karl IV., der den Ort 1361 vom Bamberger Bischof erwarb und eine kleine Stadt gründete, als Stützpunkt zwischen seinem Stammland Luxemburg und der Residenz in Prag. Der wirtschaftliche Aufschwung begann allerdings erst gegen Ende des

Die Pfalz von Forchheim entstand im 14. Jahrhundert, doch wurde der hier gezeigte südliche Teil des Hofgebäudes im 16. Jahrhundert erneuert.

17. Jahrhunderts, als Markgraf Christian Ernst von Brandenburg-Culmbach mit dem »Bayreuther Privilegium« von 1685 aus Frankreich vertriebene Hugenottenfamilien ins Land rief und für sie neben dem alten Erlangen die neue Stadt »Christian-Erlang« errichten ließ. Erst im Jahre

1812 wurden schließlich beide Städte vereinigt.

Erlangen, die planmäßig gegründete Barockstadt

Die planmäßig gegründete Barockstadt ist bis heute im Stadtgrundriß sowie in zahlreichen Häusern des 18. Jahrhunderts sichtbar. Hervorzuheben sind das Markgrafentheater (1718) und das 1700/04 errichtete und nach einem Brand wiederhergestellte Schloß (Universität). Im Schloßgarten erinnert der Hugenottenbrunnen an die Einwanderung der französischen Glaubensflüchtlinge. Am nördlichen Stadtrand findet man neben dem bereits 1844 gebauten ersten bayerischen Eisenbahntunnel das 1848 zur Einweihung des Ludwigs-Donau-Main-Kanals errichtete Kanaldenkmal nach einem Entwurf von Leo von Klenze. Zwei liegende allegorische Figuren von Ludwig von Schwanthaler verkörpern Donau und Main.

Nürnberg als des »Deutschen Reiches Schatzkästlein« ist eine Wiederentdeckung des 19. Jahrhunderts. Hier fand die prägende Begegnung der deutschen Romantik mit dem Mittelalter statt. 1852 begründete Freiherr Hans von und zu Aufseß das Germanische Nationalmuseum als Sammlungsstätte von Kunst und Kultur des deutschen Sprachraumes. Die Stadt selbst war eine Schatzkammer des Mittelalters und der Renaissance geblieben.

Im Zweiten Weltkrieg ist die Nürnberger Altstadt fast vollständig zerstört worden, doch hat ein der Geschichte verpflichteter Wiederaufbau die Stadt weitgehend auf altem Grundriß wiedererstehen lassen. Auch eine Reihe von Baudenkmälern erhielt wieder ihre alte Schönheit, in denen Kunstwerke von allererstem Rang ihren angestammten Platz gefunden haben.

Die deutsche Kaiser- und Königsstadt: Nürnberg

Von Anfang an sind die Geschicke der Stadt mit dem Reich und ihren Kaisern verbunden. Nürnbergs Rang als Kaiser- und Königsstadt prägte entscheidend die Gestalt der Stadt und viele ihrer herausragenden Bauwerke. Die Kaiserburg wurde 1050 in einer Urkunde Kaiser Heinrichs III. erstmals erwähnt. Von dieser Zeit bis in das ausgehende 16. Jahrhundert haben alle deutschen Kaiser auf der Burg geweilt. Ludwig der Bayer und sein Nachfolger, Karl IV., machten Burg und Stadt praktisch zu ihrer Residenz, in der sie die meisten ihrer Reichs-, Hof- und Gerichtstage abhielten. Kaiser Karl IV. bestimmte mit der »Goldenen Bulle« von 1356, daß hier jeder neugewählte Kaiser seinen ersten Hoftag halten sollte. Im 15. Jahrhundert wurde der Rang Nürnbergs als »Hauptstadt« des Reiches dadurch hervorgehoben, daß die Reichsinsignien hier aufbewahrt wurden. Sie blieben bis 1796 auf der Burg und wurden nur zu den Kaiserkrönungen nach Frankfurt gebracht.

Lange Entwicklung: von der Königs- über die Burggrafen- bis zur neuen Kaiserburg

Von der salischen Königsburg des 11. Jahrhunderts haben sich nur wenige Teile erhalten, darunter der markante Fünfeckige Turm. Aus ihr ging die Burg des Burggrafen hervor, die 1192 Stammburg der Hohenzollern wurde. Westlich davon entstand unter Konrad III. die neue Kaiserburg, die Friedrich I. Barbarossa erweiterte. Kaiser Friedrich III. schließlich gab 1442 der Burg ihre heutige Gestalt, während die sogenannte »Kaiserstallung« als städtisches Kornhaus 1494/1495 entstand.
Kern der Kaiserburg ist der spätgotische Palas mit dem Rittersaal im Erdgeschoß. Über dem Eingang findet sich eine Steinbüste, die vermutlich Kaiser Friedrich I. Barbarossa darstellt. An der Ostwand umrahmen Fresken mit Darstellungen von Kaiser Maximilian I. und seiner Gemahlin Maria von Burgund das Portal zur Kaiserkapelle. Die doppelgeschossige Kapelle entstand 1170/80 zur Zeit Friedrichs I. Barbarossa. Die massive romanische untere Margarethenkapelle mit ihren prachtvollen Säulenkapitellen steht in eindrucksvollem Kontrast zur lichten Höhe der oberen Kaiserkapelle mit ihren schlanken Säulen. Die obere Kapelle mit der Herrschaftsempore war dem Kaiser und seinem Hof vorbehalten, die untere Kapelle dem übrigen Gefolge.
Die Empore der Kaiserkapelle ist mit den angrenzenden kaiserlichen Gemächern des Palas verbunden, dem Kaisersaal, dessen Wände Bildnisse deutscher Kaiser und Mitglieder des Hauses Habsburg zieren, sowie dem Empfangszimmer und dem Wohnzimmer des Kaisers.

Größter Schatz der Forchheimer Pfalz sind die aus dem ausgehenden 14. Jahrhundert stammenden Fresken-Fragmente. Hier spielt eine Zwiegestalt aus Mensch und Fisch auf einer Teufelsgeige.

Noch fünf Kilometer lang: die Stadtbefestigung

Im 15. Jahrhundert gewannen die Nürnberger Bürger wichtige Rechte über die Kaiserburg und gelangten in den Besitz der durch Kriegsereignisse zerstörten Burggrafenburg. Mit der großen 1452 vollendeten Stadtmauer schließt sich der Ring um die zusammengewachsene Stadt. Trotz Niederlegungen im 19. Jahrhundert und schwerer Zerstörungen im Zweiten Weltkrieg, die Zug um Zug beseitigt wurden, ist der turmreiche, fast fünf Kilometer lange Mauerzug das eindrucksvolle Beispiel einer Stadtbefestigung.

Zahlreiche Privilegien für die freie Reichsstadt

1219 wurde Nürnberg freie Reichsstadt. Kaiser Friedrich II. gewährte der Stadt zahlreiche Privilegien. 1313 wurde der oberste kaiserliche Beamte, der Schultheiß, der neben der Wahrung des Friedens in der Stadt und der Marktaufsicht auch die Kaufleute auf den Königsstraßen zu geleiten hatte, praktisch der städtischen Rechtssprechung unterstellt.

In Erlangens Schloßgarten entstand 1706 nicht nur eine Orangerie (Hintergrund), sondern auch der Hugenottenbrunnen; ihn schuf der Hofbildhauer Elias Räntz.

Die Doppelkapelle auf der Nürnberger Burg stammt noch aus der Stauferzeit; hier das Untergeschoß für die Subalternen mit den stämmigen Säulen, die von prachtvollen Kapitellen geschmückt sind.

Besonders fruchtbar entwickelte sich das Verhältnis zwischen Patriziat und Kaiser unter Karl IV., der 1349 in Frankfurt gewählt wurde. Er hat auch die Stadtgestalt Nürnbergs an entscheidender Stelle geprägt. Mit der Markturkunde von 1349 erlaubte er den Abbruch des Judenviertels zur Schaffung eines großen Platzes, des heutigen Hauptmarktes, und verfügte dort die Errichtung der Frauenkirche.

Die Frauenkirche am Markt erinnert an Aachens Kaiserdom

Diese erste gotische Hallenkirche Frankens trägt die wesentlichen Gestaltmerkmale des Aachener Kaiserdomes, auf den die Stifterurkunde von 1355 ausdrücklich Bezug nimmt. Auch die Frauenkirche hat einen Westbau, der über der Eingangshalle liegende Michaelschor hatte die Funktion der Herrscherempore. Außen trägt der Umgang des Michaelschores Wappenreliefs des Reiches, der Kurfürsten und der Stadt Rom, wo 1355 Karl IV. zum Kaiser gekrönt wurde.
Dieser Umgang war dazu bestimmt, die Reliquien und Heiligtümer des Reiches bei feierlichen Anlässen öffentlich zu zeigen. In volkstümlicher Weise erinnert die 1509 am Giebel des Chores angebrachte Uhr an Nürnbergs große Zeit als Hauptort des Reiches unter Karl IV.: Zur Mittagsstunde ziehen die Kurfürsten huldigend an der Figur des thronenden Herrschers vorbei. Kaiserlicher Kontrapunkt der Frauenkirche ist auf dem Hauptmarkt der Ende des 14. Jahrhunderts entstandene Schöne Brunnen, der reichen Figurenschmuck trägt, darunter auch die sieben Kurfürsten des Reiches und Karl den Großen.
Der Hauptmarkt verbindet als zentraler Platz die Sebalder und Lorenzer Stadt, die ab 1320 durch einen neuen Befestigungsring zusammengeschlossen wurden. Bis dahin hatten sich die Stadtteile beiderseits der Pegnitz getrennt entwickelt. Dieser ursprüngliche Charakter einer Doppelstadt manifestiert sich bis heute in den beiden kirchlichen Wahrzeichen der Stadt St. Sebald und St. Lorenz.

Die in ihren Anfängen ältere Pfarrkirche St. Sebaldus trägt in ihren frühesten Bauteilen Merkmale der späten staufischen Romanik. Nach schweren Kriegszerstörungen wiederauferstanden, ist St. Sebaldus eine Schatzkammer Nürnberger Kunst des 14. bis 16. Jahrhunderts. Das überaus reiche Figurenprogramm entstand im Auftrag

des Bürgertums und zeugt von seinem Wohlstand und seiner Frömmigkeit, vor allem aber von der höchsten Blüte Nürnberger Kunst in dieser Zeit. Hier begegnen wir dem ersten Monumentalwerk des Nürnberger Steinmetzen und Bildhauers Adam Kraft, dem Passionsrelief des Schreyer-Landauerschen Epitaphs von 1490/1492 an der Außenwand des Ostchores. Unter den Figuren im Innern der Kirche gibt es mehrere Arbeiten von Veit Stoß, darunter den ausdrucksvollen hl. Andreas (um 1505) sowie eine Kreuzigungsgruppe aus Eichenholz und ein Passionsrelief von 1499. Im Ostchor findet sich das Sebaldusgrab. Den mit Silber beschlagenen Reliquienschrein umgibt ein filigranes, mit zahlreichen Figuren geschmück-

Schon um 1500 mußten die Nürnberger Kaiser Maximilian I. die Antwort darauf schuldig bleiben, warum sein Wohn-/Schlafzimmer ein goldener Adler auf schwarzem Grund – und nicht umgekehrt – ziert.

In der Kaiserkammer der um 1360 errichteten Wenzelsburg in Lauf befinden sich – eine Rariät – noch die 114 in Stein gehauenen Wappenreliefs des zur Krone Böhmens gehörenden Adels.

tes Gehäuse, das 1519 in der Gießwerkstatt Peter Vischers d. Ä. vollendet wurde.

Herrliche Kunstwerke von Vischer, Stoß und Kraft in der St.-Lorenz-Kirche

In der Stadtpfarrkirche St. Lorenz, der Gegenkirche zu St. Sebaldus in der Handwerkerstadt jenseits der Pegnitz, begegnen uns dieselben Meister: Peter Vischer eher bescheiden mit einem Bronzeleuchter von 1489, Adam Kraft und Veit Stoß aber mit zwei Hauptwerken der deutschen Kunst. 1517/18 schuf Veit Stoß den Englischen Gruß, eine aus Lindenholz geschnitzte Verkündigungsgruppe, die von einem Rosenkranz mit Medaillons, auf denen die sieben Freuden Mariens dargestellt sind, umrahmt wird. Die lebensgroßen Gestalten vereinen spätgotische Innerlichkeit des Ausdrucks mit dem in die Renaissance weisenden Pathos wallender Gewänder. Von gleicher Meisterschaft zeugt das 1493/96 von Adam Kraft geschaffene Sakramentshaus.

Der vom Gewölbe herabhängende Englische Gruß und das an einem Pfeiler emporstrebende Sakramentshaus vereinen sich mit der lichten Weite des Hallenchores von St. Lorenz zu einer einmaligen Synthese von Architektur und künstlerischer Ausstattung, die zweifellos einen Höhepunkt der deutschen Gotik darstellt. Vollendet wird das Gesamtkunstwerk durch die prächtigen Glasgemälde, darunter das Kaiserfenster von 1477 hinter dem Hochaltar, einer Stiftung Kaiser Friedrichs III. und seiner Gemahlin Eleonore von Portugal. In starkem Kontrast zum spätgotischen Hallenchor steht das strenge und schlichte Langhaus, das auf die Anfänge des Kirchenbaues am Ende des 13. Jahrhunderts verweist. Seine Westfassade wird beherrscht von einer großen Maßwerkrose, dem »Stern von St. Lorenz«.

Wenden wir uns endlich dem größten Sohn Nürnbergs zu, Albrecht Dürer. 1471 wurde er unweit des heutigen Dürerhauses am Tiergärtnertor geboren, das er 1509 erwarb und bis zu seinem Tode 1528 bewohnte. Das Museum vermittelt einen lebendigen Eindruck von den Wohn- und Lebensverhältnissen der Dürerzeit und einen Überblick über Leben, Schaffen und Wirkungsgeschichte des Künstlers. Dürer ist der Vollender der altdeutschen Kunst in der Grafik. Seine Zeichnungen, Holzschnitte und Kupferstiche haben Generationen nach ihm geprägt. Aus seinen Bildern, vor allem seinen berühmten Selbstporträts, spricht der »neue Mensch« an

Der »Englische Gruß« (Gruß des Engels) von Veit Stoß aus dem Jahre 1517 lenkt in der Nürnberger Lorenzkirche sofort die Blicke auf sich: Fast visionär schwebt er in der Mitte des Hallenchores.

Der Schöne Brunnen auf Nürnbergs Marktplatz erinnert an eine gotische Kirchturmspitze. Relikte der formenreichen Steinpyramide mit biblisch-höfischen Figuren stehen im Germanischen Nationalmuseum.

der Wende vom Mittelalter zur Neuzeit, von der Gotik zur Renaissance. 1509 wurde Dürer Mitglied des Großen Rates der Stadt Nürnberg, ab 1512 war er im Auftrag Kaiser Maximilians tätig und lieferte Arbeiten zur »Ehrenpforte«, zum »Triumphzug« und zum »Gebetbuch« des Kaisers. Zu den Werken Dürers, die in Nürnberg zu sehen sind, gehören die Gemälde Kaiser Karls des Großen und Kaiser Sigismunds, die der Künstler 1512/13 für die »Heiltumskammer« schuf, in der die Reichskleinodien bis zu ihrer Verbringung nach Wien aufbewahrt wurden. Sie werden im Germanischen Nationalmuseum gezeigt.

Stützpunkt an der alten Straße nach Böhmen: die Wenzelsburg in Lauf

In **Lauf,** wenige Kilometer nordöstlich von Nürnberg, ließ Kaiser Karl IV. in den Jahren 1356/60 mit einer Burg auf einer Pegnitzinsel einen weiteren Stützpunkt auf dem Weg nach Böhmen errichten. Die wehrhafte Anlage trägt den Namen des hl. Wenzel, der als Patron der Burgkapelle über dem südlichen Toreingang, nach dem Vorbild der Wenzelfigur am Veitsdom in Prag, dargestellt ist, darunter ist das Wappen Böhmens angebracht. Auf dieser Wenzelsburg kam am 26. Februar 1361 Karls Thronfolger, Wenzel, zur Welt, der am 11. April 1361 in der Nürnberger Sebalduskirche getauft wurde. In der Kaiserkammer der Burg finden sich noch heute 114 in Stein gehauene und bemalte Wappenschilde des zur Krone Böhmen gehörenden Adels.

Von Lauf erreicht man auf der alten Talstraße von Nürnberg nach Böhmen **Hersbruck** mit guterhaltenen Bürgerhäusern und einem sehenswerten Schloß aus dem 16. und 17. Jahrhundert. In Hersbruck kreuzte die karolingische Königsstraße, von Bamberg über Forchheim kommend, nach Süden über das karolingische Königsgut Lauterhofen in die Täler von Vils und Naab nach Regensburg. Karl der Große hat sie mit großer Wahrscheinlichkeit im Jahre 803 benutzt.

Eine beliebte Fahrstrecke für Ausflugsdampfer ist der Donaudurchbruch bei Weltenburg. – Rechts: Ein Selbstporträt von Cosmas Damian Asam findet man in der Klosterkirche Weltenburg.

Die Verbindung zwischen der Nordsee und dem Schwarzem Meer, also eine künstliche Wasserstraße vom Main zur Donau, wollte schon Karl der Große verwirklichen lassen.

Erst im 19. Jahrhundert wurde jedoch der Ludwigs-Donau-Main-Kanal gebaut. Nun hat, vor allem im burgenreichen Altmühltal, der neue Rhein-Main-Donau-Kanal seine Spuren fast getilgt.

Während Nürnberg im 19. Jahrhundert zum Inbegriff mittelalterlicher Romantik wurde, wuchs der Stadt auf der Grundlage handwerklicher und kaufmännischer Traditionen des 18. Jahrhunderts eine neue Rolle zu: Sie wurde zum Vorreiter der Industrialisierung in Bayern, Sitz bedeutender deutscher Unternehmen. 1871, zu Beginn der eigentlichen Gründerjahre, war Nürnberg bereits Bayerns größte Industriestadt.

Zwei Ereignisse kennzeichnen diese Entwicklung: der Bau der von den Bürgern selbst finanzierten ersten Eisenbahn Deutschlands, die 1835 zwischen Nürnberg und Fürth eröffnet wurde, und die Fertigstellung des Ludwigs-Donau-Main-Kanals 1846, dessen Mittelhafen in Nürnberg entstand.

Bereits 793 hatte Karl der Große versucht, die Flußsysteme von Rhein, Main und Donau miteinander zu verbinden, und zwar an einer Stelle, wo sich die nach Norden dem Main zufließende Schwäbische Rezat und die in die Donau mündende Altmühl auf wenige Kilometer und mit einem Höhenunterschied von nur zehn Metern nähern. Karl der Große befand sich damals in Regensburg und rüstete zum Krieg gegen die Awaren im Südosten seines Reiches. Zu diesem Zweck ließ er in Regensburg auch eine Flotte von Schiffen bauen.

Der Kaiser hatte mit dem Plan eines

GESCHICHTEN VON KANÄLEN IM ALTMÜHLTAL

Kanalbaues sicher nicht nur militärische Ziele im Auge, denn die Flüsse dienten in friedlichen Zeiten dem Transport von Waren und Menschen und vor allem als königliche Reisewege. Unversehens ergab sich für das Projekt jedoch ein unmittelbarer militärischer Zweck: Wie die Annalen des Klosters Lorsch berichten, erreichten den Herrscher, als er sich mit den Plänen des Kanalbaues befaßte, schlechte militärische Nachrichten aus dem Norden. Die aufständischen Sachsen hatten einem Heer Karls eine Niederlage beigebracht. Er mußte seinen Zug gegen die Awaren verschieben und sein Heer in das Gebiet der Weser verlegen.

Der erste Versuch eines Kanalbaues begann 793

So verließ Karl im Spätsommer 793 Regensburg und schlug sein Lager an dem Ort auf, wo seine Ingenieure die beste Stelle für den Kanalbau ausfindig gemacht hatten: bei der heutigen Ortschaft Graben zwischen Weißenburg und Treuchtlingen. Anhaltende Regenfälle und schwieriger Untergrund verhinderten eine Vollendung des ebenso ehrgeizigen wie weitsichtigen Plans. Doch entstand zumindest eine Kette von Weihern, die das Übersetzen der Schiffe ermöglichte, denn sie erreichten 794 Frankfurt. Karl der Große verbrachte schon das Weihnachtsfest 793 in Würzburg, wohin er, wie die Reichsannalen berichten, zu Schiff über Regnitz und Main gelangt war. Wer an frühen technischen Denkmälern interessiert ist, sollte einen Besuch des Fossa Carolina bei Graben nicht versäumen, der in seinem tiefsten Abschnitt bis heute mit Wasser gefüllt ist.

Die Stunde des Kanals schlug aber erst mit der Gründung des Königsreiches Bayern im Jahre 1806. Die nun sich häufenden Denkschriften, Pläne und Gutachten sind Ausdruck des Ingenieurgeistes eines erwachenden Industriezeitalters und des sich ausbreitenden Merkantilismus, zielen zugleich aber auch auf eine Glorifizierung des wittelsbachischen Königshauses unter Berufung auf den Mythos Karls des Großen. Neben der wirtschaftlichen bekam der Kanal eine politische Bedeutung, die über eine Verkehrsverbindung innerhalb des bayerischen Königreiches hinaus den deutschen Einigungsgedanken beschwören sollte. Das Kanaldenkmal bei Erlangen macht dies deutlich und rückt die Schiffahrtsstraße in die Reihe anderer von König Ludwig I. errichteter Bauwerke, wie die Befreiungshalle bei Kelheim und die Walhalla bei Regensburg.

Eine der vielen Schleusen des Ludwigs-Donau-Main-Kanals, der nach dem bayerischen König Ludwig I. benannt wurde und Mitte vorigen Jahrhunderts eine beachtliche wirtschaftliche Bedeutung hatte.

Hundert Schleusen: der Ludwigs-Donau-Main-Kanal

In nur zehn Jahren wurde der Kanal zwischen 1836 und 1846 verwirklicht. In Bamberg beginnend, führte er durch das Regnitztal über Forchheim nach Nürnberg, südlich von Nürnberg durch das Schwarzachtal zur Wasserscheide bei Neumarkt und von dort zum Altmühltal bei Dietfurt, um in Kelheim die Donau zu erreichen. Mit insgesamt 100 Schleusen überwand der Kanal von Bamberg bis zum höchsten Punkt bei Neumarkt einen Höhenunterschied von 187 Metern und von dort bis Kelheim einen solchen von 79 Metern. Trotz des sich rasch entwickelnden Eisenbahnwesens erfüllte der Ludwigs-Donau-Main-Kanal durchaus eine wirtschaftliche Aufgabe: 1850 erreichte die Güterbeförderung mit 196 000 Tonnen ihren Höchststand. 1861/62 verkehrten fast 5000 Schiffe auf der Wasserstraße, häufig allerdings nur auf Teilabschnitten.

In Betrieb blieb der Kanal bis zur Zerstörung im Zweiten Weltkrieg, vor al-

Ein Blick von oben auf ein Stückchen des neuen Rhein-Main-Donau-Kanals bei Altessing im Altmühltal, wenige Kilometer vor der Einmündung in die Donau.

lem in Nürnberg, wenngleich er längst seine wirtschaftliche Bedeutung verloren hatte. Moderne Straßenbauten und der neue Rhein-Main-Donau-Kanal haben vielerorts seine Spuren in der Landschaft getilgt.

Vielerorts blieben Überreste des Kanals erhalten

Bei **Bamberg** sind der sogenannte Nonnengraben und die Schleuse 100 die letzten erhaltenen Reste des Kanals. Südlich von Nürnberg jedoch, bis zur immer noch gefluteten Scheitelhaltung bei **Burgthann,** ist der Kanal noch mit zahlreichen Schleusen zu besichtigen. Bei **Feucht** überspannt der große Brückkanal das Tal der Schwarzach. Auch im Bereich der Durchschneidung der Wasserscheide südlich von **Neumarkt** ist der Kanal noch gut erhalten. Im weiteren Verlauf bis in das Altmühltal sind immer wieder Kanalabschnitte zu erkennen, die jedoch verlandet sind. Im Altmühltal dagegen hat die neue Schifffahrtsstraße den alten Kanal fast vollständig zerstört, nur der alte Kanalhafen in **Kelheim** blieb erhalten.

Nun gibt es einen neuen Kanal vom Rhein zur Donau. 1962 kam der Ausbau des Mains mit der Eröffnung des neuen Bamberger Hafens zu einem vorläufigen Abschluß. Gleichzeitig erfolgte der teilweise Ausbau der deutschen Donau. 1958 wurde der Bau der Schiffahrtsstraße auf völlig neuer Trasse zwischen Bamberg und Nürnberg beschlossen, 1966 der Weiterbau nach Regensburg. Dabei entschied man sich für eine neue, südlichere Trassenführung als die des alten Ludwigs-Donau-Main-Kanals, auf den der neue Kanal, von Hilpoltstein kommend, bei Berching stößt.

Moderne Schiffahrtsstraße: Rhein-Main-Donau-Kanal

Bis heute bleibt der Rhein-Main-Donau-Kanal ökonomisch und, vor allem wegen der Eingriffe in die Landschaft des Altmühltals, ökologisch umstritten. Auch wenn große Anstrengungen unternommen wurden,

Vom Gasthof »Gams« in Beilngries hat man einen guten Blick auf den eigenwilligen Dachschmuck der Pfarrkirche. Das Städtchen liegt an der Altmühl, aber auch ganz dicht am Rhein-Main-Donau-Kanal.

das Altmühltal entlang des Kanals zu »renaturieren«, ändert das nichts an der Tatsache, daß eine der schönsten Flußlandschaften Deutschlands verkehrs- und wirtschaftspolitischen Zielen geopfert wurde. Den Kanal begleitende Straßen und Brückenbauten wirken dabei fast noch störender, und von ihnen geht auch mehr Lärm aus als von der Schiffahrt. Doch zeigen bereits länger fertiggestellte Kanalabschnitte, daß sorgfältige Landschaftsplanung durchaus auch Erfolge haben kann. Fremdenverkehr und Naherholung haben durch die Einrichtung von Rad- und Wanderwegen, Bootsanlegestellen, Anglerzonen und manches mehr profitiert.

Was die wirtschaftlichen Prognosen angeht, wird ihr Eintreffen von der gesamtwirtschaftlichen Entwicklung Europas abhängen. Nach den politischen Umwälzungen in Ost- und Südosteuropa könnte die West-Ost-Verbindung von Rhein zur Donau und ins Schwarze Meer eine Bedeutung erlangen, die selbst optimistische Befürworter dieses Jahrhundertwerks kaum geahnt haben dürften.

Sehenswerter Altar in Schwabachs Pfarrkirche

Die Reiseroute entlang der neuen Kanaltrasse führt von Nürnberg zunächst nach **Schwabach.** In karolingischer Zeit fränkischer Königshof, erhielt der Ort 1364 das Stadtrecht. Schöne Fachwerkhäuser des 16. und 17. Jahrhunderts und Sandsteinbauten des 18. Jahrhunderts bestimmen das Stadtbild. Herausragend am Königsplatz sind die Fürstenherberge von 1726/28 und das Rathaus aus dem 16. bis 18. Jahrhundert. Platzbeherrschend ist der Schöne Brunnen von 1717. Die äußerlich schlichte Pfarrkirche aus dem 15. Jahrhundert besitzt eine reiche Ausstattung vornehmlich nürnbergischen Ursprungs, die sich über die Reformationszeit hinweg erhalten hat, darunter einen der besterhaltenen und schönsten Schnitzaltäre der Spätgotik aus der Werkstatt des Nürnberger Meisters Michael Wolgemuth.

Mittelalterlich – heute romantisch: die erhaltene Wehrmauer rund um Berching mit ihren Türmen und Toren. Was Wunder, daß man das Schlagwort vom »Rothenburg der Oberpfalz« erfand.

Auch **Roth** verdankt seine Entwicklung den Hohenzollern als Burggrafen von Nürnberg und Markgrafen von Ansbach. Sie errichteten 1535/37 das Jagdschloß Ratibor, eine Renaissance-Anlage, die noch dem Stil der Gotik verpflichtet ist. Die Innenausstattung wurde zum Teil im Stil des Historismus des 19. Jahrhunderts verändert.

In **Hilpoltstein** gibt die ehemalige Herzogliche Residenz einen Hinweis darauf, daß der Ort schon früh zum Herzogtum Bayern gehörte. Ursprünglich war die Anlage wesentlich größer, 1818 wurde jedoch ein Teil des Festsaalbaues abgerissen. Heute beherbergt das gut renovierte Schloß das Amtsgericht. Nur als Ruine erhalten ist die Burg aus dem 13./14. Jahrhundert.

Freystadt ist ein planmäßig gegründeter und befestigter Marktort des 13. Jahrhunderts, dessen gotische Stadttore erhalten geblieben sind. Nordwestlich steht auf freiem Feld die Wall-

In Berchings Lorenzkirche findet der Kunstfreund eine Delikatesse: Altarbilder der Donauschule – also aus dem Kreis um Albrecht Altdorfer – stellen die Laurentiuslegende (hier die Folter) dar.

fahrtskirche Maria-Hilf, die zu den bedeutendsten Zentralbauten des Barock in Bayern zählt. Das Äußere, mehr noch aber der Innenraum der Kirche wird beherrscht von der lichten Kuppel. Bedeutende Künstler haben den Bau gestaltet: Giovanni Antonio Viscardi, kurfürstlicher Hofbaumeister in München, und Pietro Francesco Appiani als Stukkateur. Die Fresken schufen Georg Asam und seine beiden Söhne Cosmas Damian und Egid Quirin – ein glanzvoller Auftakt der von hier bis Passau führenden »Tour de Baroque«.

Berchings Stadtbild wirkt heute noch mittelalterlich

Die Stadt **Berching** wird oft das »Rothenburg der Oberpfalz« genannt, denn bis heute macht der Ort mit seinem fast vollständig erhaltenen Mauerring, den Toren, Wehrgängen und Türmen einen mittelalterlichen Eindruck. Bereits 883 wird Berching in einer Schenkungsurkunde Kaiser Karls III. erwähnt. Das Stadtbild wird von schönen Stadelbauten des 15. bis 18. Jahrhunderts und stattlichen Bürgerhäusern geprägt. Von den beiden Kirchen der Stadt enthält die ältere, St. Lorenz, die kunstgeschichtlich bedeutendere Ausstattung, darunter spätgotische Figuren und Reliefs am neugotisch veränderten Hochaltar und an den Seitenwänden Tafelbilder mit lebhaften und farbenprächtigen Szenen aus dem Leben des hl. Laurentius, die im Umkreis der »Donauschule« um 1515 entstanden sind.

Plankstetten ist seit 1903 wieder eine Benediktinerabtei, als die das Kloster im 12. Jahrhundert gegründet wurde. Die Abteikirche Mariä Himmelfahrt ist eine flachgedeckte dreischiffige Pfeilerbasilika mit westlichen Doppeltürmen aus dem 12. Jahrhundert. Die Innenausstattung stammt weitgehend aus der Barockzeit. In prächtigem Spätrokoko ausgeschmückt wurde die Kapelle zur Schmerzhaften Mutter.

Beilngries gelangte 1007 als Schenkung Kaiser Heinrichs II. an das Hochstift Bamberg. Kaiser Heinrich III. verlieh 1043 dem Ort Markt- und Zollrechte. Über der Stadt ragt Schloß Hirschberg hoch auf. Ursprünglich Sitz eines gleichnamigen Grafengeschlechts, gelangte die Burg 1305 in den Besitz des Bischofs von Eichstätt. Spätere Umbauten zu einer barocken Sommerresidenz geben der Anlage ein doppeltes Gesicht: Auf der Bergseite ist sie noch ganz wehrhafte Burg mit Halsgraben und zwei mächtigen romanischen Türmen, hinter denen sich dann jedoch ein eleganter

Hier ist die Altmühl kanalisiert – das tut jedoch dem imposanten Eindruck von Schloß Prunn (als Museum zu besichtigen) unterhalb von Riedenburg keinen Abbruch.

Ein Bötchen tuckert die kanalisierte Altmühl entlang; man kann sich ganz dem idyllischen Anblick von Essing hingeben; im Hintergrund ist die Ruine Randeck zu erkennen.

Ehrenhof mit Mittelpavillon verbirgt. Hier befinden sich die fürstlichen Repräsentationsräume, der Kaisersaal, den Bildnisse der Habsburger schmücken, und der Rittersaal.

Dietfurt erhielt um 1400 von den bayerischen Herzögen Stadtrecht verliehen. Von der 1444 angelegten Stadtumwehrung haben sich einige Reste erhalten. Die Kirchen der Stadt bergen gute Barockausstattungen, die vor allem von dem Niveau der Kunst und des Kunsthandwerks in dieser Gegend während des 18. Jahrhunderts zeugen. Herausragender Vertreter ist Franz Ignaz Günther, der 1725 in Altmannstein geboren wurde. Von ihm stammen Figuren des Hauptaltars der Stadtpfarrkirche St. Ägidius.

Blick ins 13. Jahrhundert: Burgen, Ruinen, Schlösser krönen das Altmühltal

Das Altmühltal unterhalb Dietfurts wird von malerischen Burgen gekrönt. Den Auftakt bildet **Schloß Eggersberg,** eine Renaissanceanlage über Resten einer herzoglichen Burg des Mittelalters. Von den drei Burgen über **Riedenburg** sind Rabenstein und Tachenstein nur noch Ruinen. Die Rosenburg dagegen ist ein wohlerhaltener Bau, der bis auf das 13. Jahrhundert zurückgeht und seine heutige Gestalt im 16. Jahrhundert erhielt. Der hier bestehende Jagdfalken-Hof gibt mit seinen täglichen Vorführungen einen Einblick in die im Mittelalter verbreitete Jagd mit Greifvögeln. In Sichtweite der Rosenburg erhebt sich **Schloß Prunn** auf einem steilen Felsen über der Altmühl. Die als Museum eingerichtete Burg vermittelt einen lebendigen Eindruck von den Wohn- und Lebensverhältnissen des 13. Jahrhunderts. Berühmtheit erlangte Schloß Prunn durch die Entdeckung einer Handschrift des Nibelungenliedes, die sich heute in München befindet. Im 19. Jahrhundert bewahrte König Ludwig I. die Burg vor dem Verfall und sicherte so den Touristen unserer Zeit eine vielbesuchte Attraktion.

In der Nähe von Essing – eine Höhle mit Geschichte

Vom Bergfried der **Ruine Randeck** genießt man einen besonders schönen Ausblick in das Altmühltal. Zu Füßen der Burg liegt der malerische Ort **Essing.** Unweit von Essing befindet sich das Schulerloch, eine in vorgeschichtlicher Zeit bewohnte Höhle mit einer

Auf dem Michelsberg, hoch über Kelheim, ließ Bayernkönig Ludwig I. zur Erinnerung an die Befreiungskriege die theatralisch wirkende Befreiungshalle errichten.

Eine vorzügliche »Lichtregie« verleiht dem Hochaltar der Weltenburger Klosterkirche seine besondere Wirkung – ein Meisterwerk der Brüder Cosmas Damian und Egid Quirin Asam.

Felszeichnung, wie sie sonst in Bayern nicht bekannt ist.
Die Geschichte der Stadt **Kelheim** ist eng mit dem bayerischen Herrschaftshaus der Wittelsbacher verbunden; die Regelmäßigkeit des wittelsbachischen Stadtgrundrisses hat sich bis heute erhalten. Einen Rest der herzoglichen Residenz stellt das ehemalige Herzogsschloß dar (heute Landratsamt). Von den mittelalterlichen Stadttoren sind noch drei erhalten.
1231 wurde am Donautor Herzog Ludwig I. der Kelheimer ermordet, sein Sohn Otto der Erlauchte errichtete an dieser Stelle eine Kapelle, die heutige Spitalkirche St. Johannes. Im Herzogskasten, einem ehemaligen Abgabenspeicher, befindet sich ein sehenswertes Museum. St. Michael, ein kleiner romanischer Bau des 12. Jahrhunderts, besitzt Reste romanischer Wandmalereien aus der Entstehungszeit dieser wohl ersten Pfarrkirche der Stadt. Der Michaelskirche gegenüber entstand 1461/71 die Franziskanerkirche mit einem Kloster, zu dem ein gut erhaltener Kreuzgang gehört.
Auf dem schon in keltischer Zeit besiedelten Michelsberg ließ König Ludwig I. von Bayern zur Erinnerung an die Kriege gegen Napoleon die Befreiungshalle errichten, die zum 50. Jahrestag der Völkerschlacht bei Leipzig am 18. Oktober 1863 eröffnet wurde. Der nach einem Entwurf von Friedrich Gärtner begonnene und vom römischen Pantheon inspirierte Rundtempel wurde von Leo von Klenze vollendet. Der Bau ist Teil einer von König Ludwig I. unter dem Eindruck der griechischen und römischen Antike entworfenen Denkmallandschaft Bayern, die zugleich die nationalstaatlichen Bestrebungen des 19. Jahrhunderts zum Ausdruck bringt.

Unvergeßlich: Klosterkirche Weltenburg der Brüder Asam

Kelheim ist Ausgangspunkt für die Ausflugsschiffahrt durch die grandiose Felsenlandschaft des Donaudurchbruchs zum **Kloster Weltenburg.** Das malerisch an einer Biegung des Flusses gelegene Kloster geht auf eine Missionsstation des frühen 7. Jahrhunderts zurück, die von dem Agilolfingerherzog Tassilo um 760 zur Benediktinerabtei erhoben wurde. Bedeutendstes Bauwerk des Klosters und zugleich ein Höhepunkt des Barock in Bayern ist die Klosterkirche St. Georg und St. Martin, die 1716/18 an der Stelle der ursprünglichen Kirche des 12. Jahrhunderts errichtet wurde: eine kongeniale Schöpfung der Brüder Cosmas Damian Asam als Architekt und Maler und Egid Quirin Asam als Stukkateur.
Der mystisch dämmerige Kirchenraum erhält seine theatralischen Lichtakzente durch die indirekt belichtete Kuppel des Hauptraumes, die im oberen Bereich das Ergebnis perfekter Illusionsmalerei ist, und das hinter dem Hauptaltar einfallende Licht, welches das Reiterstandbild des hl. Georg in einen Glorienschein hüllt.
Auf der Weiterfahrt von Kelheim nach Regensburg lenken zwei steinerne Löwen an einer Engstelle zwischen Jurafels und Donau die Aufmerksamkeit auf eine monumentale Gedenktafel. Sie erinnert an eine spektakuläre Felssprengung zur Verbreiterung der Fahrstraße, die der bayerische Kurfürst Karl Theodor im Jahre 1791 vornehmen ließ.

Albrecht Altdorfer schuf die lebensvollen Fresken in Regensburgs einstigem Kaiserbad. – Rechts: Schon die Römer ließen es sich in Regensburg gutgehen, wie der kleine Apisstier bezeugt.

Mit 130 Besuchen von Kaisern und Königen in Regensburg ist diese Stadt Deutschlands Spitzenreiter; besonders gern verbrachten die hohen Herrschaften die kirchlichen Feiertage

in der Donaustadt. Obendrein fanden hier viele Reichsversammlungen statt, tagte der »Immerwährende Reichstag«. Dennoch atmen die bis heute mittelalterlichen Gassen »republikanisches« Flair.

Regensburg rühmt sich, »Stadt der Kaiser und Könige« zu sein. Am Anfang stehen die Karolinger. Längere Zeit residierte Karl der Große zwischen 791 und 793 in Regensburg in der herzoglichen Pfalz, die wohl noch überwiegend aus römischen Gebäuden bestand. Seine Nachfolger errichteten dann eigene Pfalzen.

Trotz vieler Auseinandersetzungen kam es in Regensburg zwischen dem bayerischen Herzogtum, dem Bischof und der zunehmend von den Kaisern gestützten Bürgerschaft immer wieder zu einer machtpolitischen Balance. Anders als in Würzburg, Bamberg oder Würzburg haben weder Kaiser noch Bischof oder Herzog der Regensburger Stadtgestalt einen herrschaftlichen Stempel aufdrücken können. Regensburg weist deshalb am ehesten ein »republikanisches« Stadtbild auf, geprägt von zahlreichen, zum Teil noch erhaltenen Patrizierburgen und dem Rathaus. Selbst das bedeutendste Wahrzeichen, der Dom St. Peter, wurde zwar als Unternehmen des Bischofs begonnen, später aber durch Stiftungen der Bürger zu einem von der ganzen Stadt getragenen Werk.

Daneben nehmen die frühen königlichen Bauten, sofern sie überhaupt noch vorhanden sind, eine untergeordnete Stellung ein, ebenso wie das Schloß der Fürsten Thurn und Taxis, die nie herrschaftliche Rechte über die Stadt besaßen.

REGENSBURG, DIE RUHMREICHE REICHSSTADT

Bis in das späte Mittelalter blieb die Stadt eng mit dem Königtum verbunden. Mit 130 nachgewiesenen Aufenthalten der Könige liegt sie an der Spitze der deutschen Städte. Sie war bevorzugter Ort zum Feiern der hohen Kirchenfeste und zwischen 960 und 1295 die Stätte der meisten Reichsversammlungen. Und sie stand immer wieder im Mittelpunkt der Reichpolitik. So war Regensburg in der Auseinandersetzung zwischen Heinrich IV. und dem Papst eine wichtige Stütze für den Kaiser, und in der kriegerischen Auseinandersetzung mit seinem Sohn, Heinrich V., verlor er 1105 die entscheidende Schlacht vor den Toren der Stadt.

1150 entstand das erste deutsche Geschichtswerk

Die Bedeutung Regensburgs für das Kaisertum findet auch in der Historiographie seinen Niederschlag. Um 1150 entstand hier mit der »Kaiserchronik« das erste Geschichtswerk in deutscher Sprache.
Schon Kaiser Friedrich I. Barbarossa verlieh den Bürgern Regensburgs besondere Rechte. Einen weiteren Schritt zur Reichsfreiheit gewann die Stadt mit der Stadtrechtsurkunde König Philipps von Schwaben im Jahre 1207. Mit dem von Kaiser Friedrich II. 1245 verliehenen Recht, einen städtischen Rat und Bürgermeister zu wählen, wurde Regensburg endgültig zur Freien Reichsstadt, auch wenn Herzog, Bischof und reichsunmittelbare Stifte weiterhin Rechte in der Stadt behielten. Um sich gegen den Zugriff der bayerischen Herzöge zu behaupten, blieben die Bürger ihren Kaisern treu.
Wichtige Reichsversammlungen, zu denen auch Kaiser Karl V. in der Stadt weilte, wurden im 16. Jahrhundert nach Regensburg einberufen. Ab 1594 fanden die Reichstage nur noch hier statt und dann ab 1663 bis zum Ende des Reiches in Permanenz als Gesandtenkonferenz: der »Immerwährende Reichstag«, eine Frühform deutschen Parlamentarismus und ein Mittelpunkt europäischer Politik.

Wichtige Ereignisse der habsburgischen Geschichte fanden in Regensburg statt: 1576 starb im Bischofshof Kaiser Maximilian II.; im Regensburger Dom wurden 1575 Rudolf II., 1636 Ferdinand II. und 1653 Ferdinand III. zu Königen gewählt und gekrönt. Die Regensburger Chroniken bezeugen, daß dabei die Feierlichkeiten und selbst die Volksbelustigungen bis hin zum Weinbrunnen und dem gebratenen Ochsen nach dem gleichen Ritual stattfanden, wie es noch Goethe im 18. Jahrhundert in Frankfurt erlebte. Für die Bürgerschaft waren diese Feste nicht nur ein Vergnügen: Sie wurde so kräftig zur Kasse gebeten, daß zum Beispiel nach der Krönung Ferdinands III. und seiner Frau Maria 1636/37 die meisten städtischen Arbeiter entlassen werden mußten.

Selbst nach dem 1803 vom Regensburger Reichstag eingeleiteten Ende des Reiches behielt die Stadt noch eine Sonderstellung als Mittelpunkt des Kurerzkanzlerstaates Carl Theodor von Dalbergs, zu dem das Fürstentum Regensburg, das Fürstentum Aschaffenburg und die Grafschaft Wetzlar gehörten. Erst 1810 wurde Regensburg im Pariser Vertrag Bayern zugesprochen.

In 2000 Jahren gewachsenes Stadtensemble

Die Stadt blieb von den Bomben des Zweiten Weltkrieges fast völlig verschont. So bilden heute Baudenkmäler aus zwei Jahrtausenden ein historisches Stadtensemble von höchster Dichte, das trotz vieler Veränderun-

An gotischen Profanbauten, und vor allem so sehenswerten wie dem Alten Rathaus zu Regensburg, ist Deutschland nicht reich. In diesem Gebäude tagte beispielsweise der »Immerwährende Reichstag«.

Industrie, Verwaltung und alles, was nicht schön ist, hat außerhalb der Altstadt zu bleiben – so kann Regensburgs Dom auch wie früher aus einem Dächergewirr herausragen.

Im Tanz- und Repräsentationssaal des Alten Rathauses steht auch, unter einem Baldachin, der Stuhl des Kaisers, auf dem freilich meist sein Vertreter am Reichstag, der Prinzipalkommissar, saß.

gen im 19. Jahrhundert und mancher Opfer an Zeitgeist und Wirtschaft unserer Tage die Atmosphäre einer mittelalterlichen Stadt erleben läßt.
Regensburg verdankte seine Blüte im 13. Jahrhundert Kaufleuten, die ursprünglich im Auftrag des Königs Handelskarawanen bis in die entlegensten Gebiete Europas entsandten. Sie machten sich allmählich selbständig und errangen dann im risikoreichen, aber einträglichen Fernhandel

große Gewinne. Sie bildeten das Patriziat, das sich innerhalb der Mauern Stadtburgen mit Türmen nach italienischen Vorbildern errichtete. Viele dieser Geschlechtertürme sind noch in den unteren Geschossen und einige vollständig erhalten, so der Goldene Turm in der Wahlenstraße, dem Zentrum der »welschen« Kaufleute, und der Baumburger Turm. Einen guten Eindruck von der Großzügigkeit patrizischen Wohnens vermitteln das Haus Heuport gegenüber dem Dom, das Runtingerhaus in der Keplerstraße, das Gravenreutherhaus Hinter der Grieb und das Goliathhaus in der Goliathstraße mit grandioser Fassadenmalerei an der Nordseite, wie sie im 16. Jahrhundert an bedeutenden Gebäuden üblich war.

Mittelpunkt des Kaufmannsviertels ist das Alte Rathaus, einer der schönsten gotischen Profanbauten Deutschlands. Es verkörpert im mittleren Teil aus dem 13. Jahrhundert den Bautyp der Patrizierburgen mit hoch aufragendem Turm und ursprünglich offener Laube im ersten Obergeschoß. Westlich davon wurde gegen 1360 der Tanz- und Repräsentationssaal der Stadt errichtet, der zur Stätte der Reichsversammlungen und von 1663 bis 1806 Tagungsort des »Immerwährenden Reichstages« wurde. Der architektonisch schlichte Saal beeindruckt durch die großartige stützenfreie Holzdecke und sorgfältig restaurierte Wandmalereien. Während die ehemalige Musikempore noch an die Tänze des Patriziats und Krönungsbankette erinnert, verdeutlicht die Einrichtung die Rang- und Sitzordnung des Reichstages. Den Stuhl des Kaisers unter dem mit dem Reichsadler geschmückten Baldachin nahm in der Regel sein ständiger Vertreter am Reichstag, der Prinzipalkommissar, ein.
Als Fraktionsräume dienten das Fürsten- und das Reichstädtische Kollegium sowie das Kurfürstenzimmer. Vor allem im Kurfürstenzimmer wurde am »grünen Tisch« Reichsgeschichte gemacht. Ursprünglich war das Zimmer der Sitzungsraum des inneren Rates der Stadt, der dann den barocken Erweiterungsbau des Alten Rathauses errichten ließ.

In Regensburg gezeugt: Don Juan d'Austria

Östlich des Alten Rathauses steht auf dem kleinen Zieroldsplatz eine Bronzestatue des Don Juan d'Austria. Er war der Sohn Kaiser Karls V. und der Regensburger Bürgerstochter Barbara Blomberg, die ihm auf dem Reichstag von 1546 im Gasthof zum Goldenen Kreuz, der Kaiserherberge am Haidplatz, zugeführt worden war. Als Halbbruder Philipps II. anerkannt, ist Don Juan d'Austria als Retter des Abendlandes vor den Türken in der Seeschlacht von Lepanto 1571 in die Geschichte eingegangen.

Zu den Meilensteinen des Brückenbaues gehört zweifellos Regensburgs Steinerne Brücke, die Mitte des 12. Jahrhunderts errichtet wurde. 16 Halbkreisbögen überspannen eine Länge von 310 Metern.

Ein Meisterwerk mittelalterlicher Ingenieur- und Baukunst und Zeugnis der Wirtschaftskraft der Regensburger Kaufleute ist die Steinerne Brükke. 1135 bis 1146 erbaut, dient sie seit rund 850 Jahren dem Verkehr. Ihre Strompfeiler bilden den berühmten Donaustrudel. Unter den Steinplastiken an der Nordseite des Brücktores ist König Philipp von Schwaben zu finden, dem die Stadt im 13. Jahrhundert bedeutende Rechte verdankte. Im angrenzenden Salzstadel erinnern Modelle und Schautafeln an Handel und Donauschiffahrt. Vom Scheitel der Brücke bietet sich das eindrucksvolle Panorama der türmereichen Stadt dar, beherrscht von der Silhouette des Domes.

Anno 179 ließen sich hier die Römer nieder

Auf dem Weg zum Dom lohnt ein kleiner Umweg zur Porta Praetoria, dem Nordtor des aus mächtigen Steinquadern errichteten römischen Kastells Castra Regina. Es wurde auf Befehl Kaiser Marc Aurels für die 6000 Mann starke II. Italische Legion gebaut und 179 n.Chr. fertiggestellt. Dies geht aus einer steinernen Inschrift hervor, die über dem Osttor der Festung angebracht war und sich heute im städtischen Museum befindet. Da nach dem Abzug der Römer hier die Mitte des entstehenden bayerischen Herzogtums entstand, kann man das Jahr 179 als den Beginn der städtischen Entwicklung sehen. Regensburg hätte damit die älteste Gründungsurkunde einer deutschen Stadt.

Die weitläufige Anlage des heutigen Bischofshofs stammt aus dem 13. bis 16. Jahrhundert und beherbergt neben einem Hotel das sehenswerte Domschatzmuseum. Im Ostflügel befand sich das sogenannte Kaiserbad, das der in Regensburg lebende, neben Dürer bedeutendste altdeutsche Maler Albrecht Altdorfer um 1530 mit Wandmalereien schmückte. Einige sehenswerte Fragmente dieser Fresken befinden sich im städtischen Museum.

Auch nach 250 Jahren Bauzeit, begonnen wurde 1250, war der gotische Dom St. Peter immer noch nicht vollendet; das geschah erst im 17. und 19. Jahrhundert.

Durch das Westportal des Bischofshofs gelangt man zum Domplatz, dessen südwestlichen Abschluß die Residenz des Fürstprimas Carl Theodor von Dalberg bildet. Eine Gedenktafel erinnert daran, daß hier Kaiser Napoleon 1809 nach der Eroberung von Regensburg Quartier bezog.

Der Dom St. Peter ist ein Hauptwerk der Gotik in Süddeutschland, errichtet unter deutlichem Einfluß der französischen Kathedralarchitektur. 250 Jahre lang wuchs der Dom langsam

In St. Emmeram findet sich dieser eindrucksvolle gotische Grabstein für Königin Hemma, der jedoch vermutlich Kaiserin Uta, die Gemahlin Kaiser Arnulfs von Kärnten, darstellt.

heran, bis um 1530 die Arbeiten kurz vor der Fertigstellung zum Stillstand kamen. Erst im 17. Jahrhundert konnten drei noch fehlende Gewölbe des Mittelschiffes und die Vierungskuppel errichtet werden. Dem 19. Jahrhundert blieb es vorbehalten, getragen von romantischer Begeisterung für das Mittelalter, mit der Fertigstellung der Querhausgiebel und der Turmhelme nach 600 Jahren den Dombau zu vollenden.

Im Dom begeistert die Figur des »Lachenden Engels«

Das Innere des Domes präsentiert sich in gotischer Strenge, die vor allem die einmaligen Glasgemälde der Fenster zur Wirkung kommen läßt. Sie stammen überwiegend aus dem 14. Jahrhundert. Zur weiteren Ausstattung

Aus dem Kloster St. Emmeram wurde das Schloß der Fürsten Thurn und Taxis; das Foto zeigt den fast intim wirkenden Rokoko-Ballsaal.

gehören qualitätvolle Altäre des 14. und 15. Jahrhunderts. Bedeutendster Figurenschmuck ist die um 1280 geschaffene Verkündigungsgruppe an den westlichen Vierungspfeilern mit dem »Lachenden Engel«.

Die ehemalige Dompfarrkirche St. Ulrich (jetzt Diözesanmuseum), unmittelbar östlich neben dem Dom gelegen, verbirgt hinter ihrem schlichten, noch an die Romanik erinnernden Äußeren eine ungewöhnliche, bis auf einen Mittelraum doppelgeschossige Anlage, wie sie für Pfalzkapellen charakteristisch ist.

Stiftskirche: Heinrich II. als Gründer geehrt

Die Stiftskirche Unserer Lieben Frau zur Alten Kapelle soll nach der Überlieferung auf die Pfalzkapelle der Agilolfinger im 6. Jahrhundert zurückgehen. Urkundlich erwähnt wird sie erstmals 875 unter Ludwig dem Deutschen. Kaiser Heinrich II. gilt als ihr erneuter Gründer. Im Kern geht die heutige Kirche auf ihn zurück. Sie wurde allerdings 1747/97 im Stil des Rokoko grundlegend umgestaltet. Doch nehmen die Fresken im Innern auf die Kirchenerneuerung durch Heinrich II. Bezug: am Chorbogen durch das kaiserliche Wappen, in den Decken- und Wandbildern des Langhauses mit Darstellungen des kaiserlichen Stifterpaares, das auch am Altar der Gnadenkapelle zu finden ist.

Noch eindrucksvoller ist ein Besuch des zweiten Pfalzortes in Regensburg, des ehemaligen Klosters und der Kirche St. Emmeram. Diese ist einmal der »Ahnensaal bayerischer Geschichte« genannt worden, denn sie birgt eine Reihe von Grabmälern bayerischer Herzöge sowie deutscher Kaiser und Könige. Sie sind meist in späterer Zeit gestiftet worden, als das Kloster um seine Bedeutung im Reich zu ringen hatte. Nicht immer läßt sich die tatsächliche Bestattung nachweisen. Daß Kaiser Arnulf von Kärnten wirklich in St. Emmeram bestattet wurde, gilt jedoch als gewiß. Die in der Wand des nördlichen Seitenschiffes eingelassene sogenannte Grabplatte der Königin Hemma, ein Meisterwerk gotischer Plastik, stellt möglicherweise in Wirklichkeit nicht Hemma, die Gemahlin Ludwigs des Deutschen, sondern Arnulfs Gemahlin Uta dar.

Klosterkirche St. Emmeram entstand im 8. Jahrhundert

Majestätisch ruht die Gestalt des hl. Emmeram auf einer Steinplatte. Auf die Bestattung des 685 erschlagenen Märtyrers in einer frühchristlichen Kirche geht die Klosterkirche zurück. Kern der heutigen Emmeramskirche ist eine romanische dreischiffige Basilika aus dem 8. Jahrhundert. Den Zugang bildet eine Vorhalle aus dem 12. Jahrhundert. Am Doppelnischenportal aus dem 11. Jahrhundert finden sich Relieffiguren von Christus, St. Emmeram und St. Dionysius, die zu den frühesten mittelalterlichen deutschen Steinplastiken gehören.

Während im Kircheninnern das westliche Querhaus und der anschließende Chor fast unverändert in ihrer romanischen Gestalt erhalten blieben, wurde der übrige Raum 1731/33 von den Brüdern Asam im barocken Stil neu gestaltet. Nach Norden schließt die Klosteranlage mit einer Torwand aus der Mitte des 13. Jahrhunderts, die als Gegenstück zur Vorhalle der Kirche zu sehen ist und ihre Ursprünge in der Pfalz Kaiser Arnulfs haben könnte.

Der Kreuzgang des Klosters gehört heute zum Schloß der Fürsten Thurn und Taxis. Das ursprünglich aus Norditalien stammende Fürstliche Haus Thurn und Taxis gilt als Begründer des internationalen Postwesens. Schon 1615 erhielt die Familie das Generalpostmeisteramt als erbliches kaiserliches Lehen. Ihre höchste Blüte er-

Schon Albrecht Altdorfer hat Schloß Wörth über dem gleichnamigen Städtchen gemalt. Es entstand in verschiedenen Etappen zwischen dem 15. und 17. Jahrhundert; hier ein Blick auf das Burgtor.

reichte die Taxis-Post in der zweiten Hälfte des 18. Jahrhunderts. Kaiser Leopold I. erhob 1695 das Haus in den Reichsfürstenstand. Die Fürsten von Thurn und Taxis betrieben ein ausgedehntes Post- und Personenbeförderungswesen im Reich, und waren auch organisatorisch an den Krönungsreisen des Hauses Habsburg beteiligt.
1742 berief Kaiser Karl VII. Fürst Alexander Ferdinand zum »Prinzipalkommissar«, also zu seinem Vertreter am Regensburger Reichstag. Der Fürst verlegte seine Residenz von Frankfurt nach Regensburg. Glücklicherweise – denn so wurde die wertvolle Innenausstattung aus dem später im Krieg zerstörten Frankfurter Palais nach Regensburg gebracht und ist heute im fürstlichen Schloß zu bewundern, das nach der Säkularisation im Kloster St. Emmeram entstand.
Der »Immerwährende Reichstag« hat im 17. und 18. Jahrhundert das gesellschaftliche Leben in Regensburg beherrscht. An die »Gesandtenzeit« erinnern zahlreiche bemerkenswerte Grabmäler in den Kirchen der Stadt, vor allem aber der Gesandtenfriedhof neben der ersten evangelischen Kirche Regensburgs, der Dreieinigkeitskirche. Nur wenige Schritte sind es von St. Emmeram zur Schottenkirche St. Jakob aus dem 12. Jahrhundert, die vor allem durch ihr figurenreiches Nordportal mit der archaischen Darstellung des Jüngsten Gerichts bekannt ist.
Noch in Sichtweite Regensburgs erhebt sich auf einem Bergkegel über **Donaustauf** die Ruine der gleichnamigen Burg, die seit dem 10. Jahrhundert ein wichtiger Stützpunkt der Regensburger Bischöfe war. 1355 gelangte die Burg vorübergehend in den Besitz Kaiser Karls IV. Von der Burgruine bietet sich ein schöner Blick auf die nahe gelegene Walhalla. König Ludwig I. von Bayern ließ sie 1842 als nationale Ruhmeshalle errichten zur »Erstarkung und Vermehrung Deutschen Sinnes«. Der von Leo von Klenze nach dem Vorbild des Parthenon geplante Bau ist jedoch nicht nur Ausdruck der deutschen Einigungsbestrebungen im 19. Jahrhundert, sondern Teil einer von der Antike sowie dem deutschen Mittelalter inspirierten bayerischen Denkmallandschaft entlang der Wasserstraße zwischen Aschaffenburg und Passau.

In Schloß Wörth wurde die Rheinbundakte unterzeichnet

Das weithin aus der Donauebene sichtbare **Schloß Wörth** entstand im 16. Jahrhundert als Renaissance-Residenz über einer mittelalterlichen Burg, von der noch der mächtige Bergfried stammt. Die Burg war Ort eines Vertragsabschlusses zwischen Kaiser Friedrich I. Barbarossa und dem Bamberger Bischof im Jahre 1174, und Jahrhunderte später, am 12. Juli 1806, war sie Schauplatz eines denkwürdigen historischen Ereignisses: Im Rondellzimmer des südwestlichen Rundturms unterzeichnete Fürstprimas und Reichserzkanzler Carl Theodor von Dalberg die Rheinbundakte, mit der Napoleon die süddeutschen Staaten zur Loslösung vom Deutschen Reich bewog. Preußen und Österreich waren damit isoliert, das Schicksal des Reiches besiegelt.

Bei Donaustauf liegt die Walhalla etwas theatralisch am Hochufer der Donau. Bayernkönig Ludwig I. ließ in dem »Ruhmestempel der Teutschen« die allerbesten Deutschen als Marmorköpfe ehren.

Eine der schönsten Promenaden von Passau ist der Innkai, hinter dem die Jesuitenkirche St. Michael steht. – Rechts: Blick in das Rokoko-Treppenhaus von Passaus Neuer Bischöflicher Residenz.

Straubing, Kloster Metten, Ober- und Niederalteich, Deggendorf, Osterhofen und Vilshofen sind die Stationen auf dem Weg nach Passau. Die alte Bischofsstadt hatte früher riesigen, bis nach Ungarn reichenden Besitz.

An ruhigen Tagen ist selbst die Autobahnfahrt von Regensburg nach Passau ein Vergnügen – wieviel mehr Spaß macht es erst auf kleineren Straßen, die reichlich Möglichkeiten für Entdeckungen und Erkenntnisse bieten. Radfahrer sind an der Donau – das gilt natürlich auch für den österreichischen Abschnitt – gern gesehen!
Allein die Landschaft sorgt für Hochstimmung: Am Südufer der Donau erstreckt sich die Ebene des fruchtbaren Gäubodens, am Nordufer steigen gemächlich die Berge des Bayerischen Waldes an. Friedliche, hübsche Dörfer gibt es, reiche Kirchen und Klöster sowie selbstverständlich zufriedene, wohlhabende Städte.

Erste Station ist **Straubing,** das im 13. Jahrhundert Stadtrecht erhielt und sich zu einem bedeutenden Regierungs- und Verwaltungssitz im Herzogtum Bayern entwickelte. An die planmäßige wittelsbachische Stadtgründung erinnert bis heute der langgestreckte Stadtplatz, den stattliche Bürgerhäuser mit schönen, vor allem aus der Barockzeit stammenden Fassaden säumen. Unterteilt wird der Platz durch den 66 Meter hohen Stadtturm von 1316, dem Wahrzeichen Straubings. Westlich davon steht die Dreifaltigkeitssäule von 1709.
Auf der Donauseite wird das Stadtbild vom Herzogsschloß geprägt, mit dessen Bau Herzog Albrecht I. 1356 begann. Hier spielte sich die Tragödie

DONAUABWÄRTS ZUM EINST GRÖSSTEN BISTUM: PASSAU

der Agnes Bernauer ab, einer Augsburger Baderstochter, die der Herzog Albrecht III. heimlich geheiratet hatte und die sein Vater nach einem Hexenprozeß 1435 in der Donau ertränken ließ. Die Grabplatte mit dem porträthaften Abbild der »schönen Bernauerin« ist in der Sühnekapelle auf dem Friedhof St. Peter zu sehen.
Dieser Friedhof ist mit seinen drei Kapellen und der Alten Pfarrkirche St. Peter eine kultur- und kunstgeschichtliche Sehenswürdigkeit von hohem Rang. Die jüngste der Friedhofskapellen, die Totenkapelle von 1486, birgt einen eindrucksvollen barocken Totentanz in 44 Bildern.

Straubings Alte Pfarrkirche in romanischer Schlichtheit

Die Alte Pfarrkirche St. Peter muß zu den herausragenden romanischen Kirchenbauten in Südbayern gezählt werden. Im Mittelpunkt des reichverzierten Tympanons des Westportals ist der Kampf eines Ritters mit einem Drachen dargestellt. Das Innere der dreischiffigen Pfeilerbasilika zeigt sich nach Renovierungen in der ursprünglichen romanischen Schlichtheit. Das romanische Kruzifix stammt beispielsweise noch aus der Erbauungszeit der Kirche.
Unter den weiteren Kirchen Straubings verdienen wenigstens zwei die Beachtung auch des eiligen Reisenden: Die um 1400 begonnene Stadtpfarrkirche St. Jakob ist eine in ihrer Geschlossenheit seltene dreischiffige Hallenkirche mit einem vollständig umlaufenden Kranz von Seitenkapellen. Herausragend unter den zahlreichen Grabdenkmälern ist das lebensvolle Epitaph des Bürgermeisters Ulrich Kastenmayr in der Bartolomäuskapelle. Der neugotische Hochaltar enthält Flügeltafeln von 1485 aus der Nürnberger Werkstatt des Michael Wolgemut. Deshalb findet sich unter den Hintergrunddarstellungen auch die Nürnberger Burg.
Die Ursulinen-Klosterkirche von 1740 ist die letzte gemeinsame Schöpfung der Brüder Asam. Architektur und Stuckierung stammen von Egid Quirin, Altarblätter und Fresken von Cosmas Damian. Der kleine Zentralbau kulminiert im jubilierenden Deckenfresko mit der Glorie der hl. Ursula.
Oberalteich donauabwärts von Straubing auf dem linken Ufer ist eine Klostergründung des frühen 12. Jahrhunderts. Die heutige ehemalige Abteikirche St. Peter wurde 1622/30 erbaut und in Anwesenheit Kaiser Ferdinands II. und Kurfürst Maximilians I. von Bayern geweiht. Der Innenraum der Kirche erfuhr eine eigenwillige Umgestaltung im 18. Jahrhundert, als der Stuck abgeschlagen und durch ein monumentales Freskenprogramm ersetzt wurde, das die Geschichte des Klosters und des Benediktinerordens verherrlicht. Auf dem rechten Seitenaltar ein Bildnis Kaiser Heinrichs II., seiner Gemahlin Kunigunde und Bischof Ottos von Bamberg von der Hand Cosmas Damian Asams.
In Sichtweite Oberalteichs erhebt sich der **Bogenberg,** Niederbayerns bedeutendste Wallfahrt, die nach der Legende auf das 12. Jahrhundert zurückgeht.
Die **Benediktinerabtei Metten** wurde

Auf dem Berg über dem Städtchen Bogen residierten bis 1242 die mächtigen Grafen von Bogen. Längst befindet sich dort eine Kirche, denn seit dem 12. Jahrhundert wird auf den Berg gewallfahrtet.

600 Meter lang ist Straubings Stadtplatz, der das Bild der Gäubodenstadt am eindrucksvollsten prägt. Hier stehen auch der mächtige Stadtturm sowie die Dreifaltigkeitssäule.

schon in vorkarolingischer Zeit gegründet. Der Wunsch, reichsunmittalbar zu werden, führte aber im 13. Jahrhundert zu der legendären Berufung auf eine Klostergründung durch Karl den Großen. Tatsächlich wurde die Abtei 790 Königskloster, von Karl dem Großen mit Rechten ausgestattet, die in späterer Zeit Ludwig der Deutsche, Otto II. und Heinrich III. vermehrten.

Von den Klosterbauten des 8. und 9. Jahrhunderts ist nichts erhalten. Zwar stecken in der Klosterkirche noch Bauteile des 11. und 15. Jahrhunderts, doch wurde sie 1712/29 in spätbarocker Gestalt erneuert. Auf die Karlssage bezieht sich das Deckenfresko der Eingangshalle. Im Wald begegnet der Kaiser dem Einsiedler Utto, dem ersten Abt des Klosters. Den Kaiser erkennen wir auch in der linken Figur am Hochaltar. Das monumentale Altarblatt schuf Cosmas Damian Asam.

Größte Sehenswürdigkeit des Klosters ist die prächtige Bibliothek mit reich verzierten Schränken und üppig stuckierten und bemalten Gewölben, die von Atlanten-Paaren getragen werden. Besichtigt werden kann auch der Festsaalbau mit dem Kaisersaal.

Im 13. Jahrhundert wurde Deggendorf gegründet

Ähnlich wie Straubing ist auch **Deggendorf** eine planmäßige wittelbachische Stadtgründung des 13. Jahrhunderts mit langgestrecktem Marktplatz und freistehendem Stadtturm. 1535 wurde an ihn das Rathaus angebaut. Den südlichen Abschluß des Platzes bildet die Wallfahrtskirche zum hl. Grab Christi. 1722/28 wurde der gotischen Basilika durch Johann Michael Fischer einer der schönsten Barocktürme Bayerns angefügt.

Das Bild der unteren Vorstadt wird von der Stadtpfarrkirche Mariä Himmelfahrt beherrscht, die an der Stelle romanischer Vorgängerbauten 1656/57 errichtet wurde, aber im 18. und 19. Jahrhundert wesentliche Veränderungen erfuhr. Im Friedhof finden sich Teile eines 1696 gestifteten Kreuzweges. Von hier führt ein Weg zur spätgotischen Wallfahrtskirche auf dem Geiersberg.

Niederalteich ist eine herzogliche Klostergründung des 8. Jahrhunderts. Mit dem Sturz Tassilos III. gelangte die Abtei in den Besitz Karls des Großen. Die Karolinger statteten sie mit großen Ländereien aus. In der von Kaiser Heinrich II. unterstützten Klosterreform des 11. Jahrhunderts spielte Niederalteich eine bedeutende Rolle. Friedrich I. Barbarossa unterstellte das Kloster 1152 dem Bischof von Bamberg. 1242 gelangte es in den Besitz der Wittelsbacher Herzöge.

Die große Bedeutung der Benediktinerabtei im Mittelalter spiegelt sich in

Das Gäubodenmuseum in Straubings Frauenhoferstraße zeigt u. a. den Römerschatz aus dem 3. Jahrhundert, dazu gehören diese Paramasken.

Das gotische Äußere der Abteikirche des ehemaligen Benediktinerklosters von Niederalteich kontrastiert mit dem reich freskierten, dezent barock umgestalteten Innenraum.

der Errichtung einer großen frühgotischen Hallenkirche des 13. Jahrhunderts, die noch die Umfassungsmauern der ab 1718 neu aufgeführten Barockkirche bildet. So steht heute das Kirchenäußere mit den gotischen Teilen aus Granitquadern, vor allem die geschlossene Westfront mit den gedrungenen Türmen und dem Spitzbogenportal, in starkem Kontrast zum Inneren des Gotteshauses. Hier läßt eine geniale Neukonzeption keine Anklänge an den gotischen Vorgängerbau zu. Die Pfeiler wurden verkleidet, die Seitenschiffe zu durchgehenden Emporen geteilt und als regelmäßige Kapellenreihe gestaltet. Eine besondere Raumwirkung erhalten die Seitenschiffe durch Öffnungen in den Gewölbescheiteln, die den Durchblick in die Empore gestatten. Die effektvolle Gestaltung des Kirchenraumes wird unterstützt durch ausgewogene Stukkierung und ein umfangreiches Freskenprogramm über die Geschichte des Klosters. Den Chor schuf 1724/26 Johann Michael Fischer.

Osterhofens Klosterkirche: Fest der Farben und Formen

Äußerlich eher zurückhaltend präsentiert sich auch die unweit von Niederalteich auf der anderen Seite der Donau gelegene ehemalige Prämonstratenser-Klosterkirche St. Margareta in **Osterhofen.** Sie steht auf altem geschichtlichen Boden, denn schon im 8. Jahrhundert lag hier ein Herzogshof, der mit der Inbesitznahme durch Karl den Großen Königspfalz wurde. Anfang des 11. Jahrhunderts gründete Bayernherzog Heinrich Hezilo ein Chorherrenstift, das sein Schwager, Kaiser Heinrich II., dem Bistum Bamberg unterstellte.

Unter den Votivtafeln in der Wallfahrtskirche auf dem Geiersberg bei Deggendorf findet sich auch diese, die für die Errettung beim Eisgang auf der Donau am 2. Januar 1816 dankt.

Als 1725 Johann Michael Fischer den Auftrag erhielt, die von einem Brand verwüstete mittelalterliche Klosterkirche neu zu errichten, hatte dieser gerade den Turm der Gnadenkirche in Deggendorf und den Chor der Kirche in Niederalteich vollendet. Gemeinsam mit den Brüdern Asam, die den Auftrag für die Stuckierung, die Altäre, den Figurenschmuck und die Fresken erhielten, gelang Fischer eine der schönsten und harmonischsten Raumschöpfungen des Barock. Architektur und Ornamentik ergänzen sich in genialer Weise. Der äußerlich strenge Bau ist im Inneren ein Fest der Farben und Formen, die bereits dem Rokoko nahestehen.
Die prächtige Architektur des Hochaltars hat Egid Quirin Asam dem Papstaltar Berninis in der Peterskirche in Rom nachempfunden. Er ist ein Hauptwerk des Künstlers, so wie die Deckenfresken zu den besten Leistungen seines Bruders Cosmas Damian zählen. In diesem Gesamtkunstwerk gibt es – mit Ausnahme des neuzeitlich als Altartisch eingefügten romanischen Taufsteins – kein Detail, das die Harmonie des Raumes beeinträchtigen könnte.

Wer auf der Fahrt nach Vilshofen einen kleinen Umweg verkraften kann, sollte wieder das linke Donauufer ansteuern. Hier lohnt es sich, der romantisch gelegenen Burgruine **Hilgartsberg** einen Besuch abzustatten. Die ausgedehnte Anlage entstand im 12. Jahrhundert.

Prägnant: der Stadtplatz von Vilshofen

Vilshofen weist nicht, obwohl ebenfalls im 13. Jahrhundert planmäßig angelegt, im Stadtgrundriß die großzügige Weite der wittelsbachischen Stadtplanungen in Niederbayern auf. Doch verleihen die geschlossenen Häuserfronten des Stadtplatzes aus der Zeit um 1800 dem Ort ein prägnantes Gesicht, wie es sich ebenfalls in der Altstadt Passaus bietet. Passauischen Ursprungs ist übrigens auch

Barocker Überschwang zeichnet im Kloster Metten bei Deggendorf die Bibliothek aus. Doch auch die Kirche und der Festsaalbau des bereits im Jahre 766 gegründeten Klosters sind sehenswert.

Mancher Norddeutsche kennt Vilshofen – dort mündet die Vils in Donau – nur vom einstigen CSU-Aschermittwoch. Doch erwähnenswerter ist eigentlich das schöne Stadtbild.

der größte Teil der barocken Innenausstattung der Stadtpfarrkirche, die in der Zeit der Säkularisation hierher gebracht wurde.
Wenige Kilometer vilsaufwärts liegt das 1120 von Bischof Otto von Bamberg gegründete **Kloster Aldersbach.** Die ehemalige Abteikirche Maria

Himmelfahrt, die 1720 vollendet wurde, ist in ihrer verschwenderischen Pracht ein weiteres Hauptwerk der Brüder Asam.

Wegen der günstigen Lage ist Passau eine der ältesten Städte nördlich der Alpen

Passau ist eine der ältesten Städte nördlich der Alpen. Archäologisch belegt ist die Keltensiedlung Boiodurum. Die Römer errichteten gleich mehrere Kastelle an dieser strategisch wichtigen Stelle am Zusammenfluß von Donau, Ilz und Inn. Das Kastell auf dem Altstadthügel lieferte den Ursprung des heutigen Stadtnamens: Batavis.

Nicht nur die schiffbaren Flüsse, sondern auch die Kreuzung mehrerer Handelswege sicherte den Aufstieg des Ortes in nachrömischer Zeit. Eine agilolfingische Herzogsburg ist für das 8. Jahrhundert bezeugt. Entscheidend für die Entwicklung Passaus war die Erhebung zum Bischofssitz um 731. Im 10. Jahrhundert wurde das Bistum Passau zum flächengrößten des Reiches, dessen Besitz bis nach Ungarn reichte. Unter Kaiser Otto wurden die Bischöfe 999 zu Herren über einen Teil der Stadt, Friedrich II. erhob sie zu Reichsfürsten mit Sitz und Stimme im Reichstag.
Auch wenn das Bistum 1469 auf Veranlassung Kaiser Friedrichs III. geteilt wurde und im 18. Jahrhundert schließlich alle österreichischen Besitztümer verlorengingen, konnten sich die Bischöfe als Stadtherren Passaus doch immer behaupten und blieben es bis zur Säkularisation von 1803. Daran konnten auch Wohlstand und Finanzkraft des Bürgertums nichts ändern, das von Stapel- und Transportrechten profitierte und eigene städtische Rechte beanspruchte. Selbst offene Aufstände im 13., 14. und 15. Jahrhundert führten nicht zur ersehnten Unabhängigkeit und Reichsfreiheit, sondern nur zu eingeschränkten Selbstverwaltungsrech-

Karten und Routenvorschläge gibt es für Radfahrer reichlich. Besonders beliebt – weil relativ leicht zu radeln – ist eine Tour entlang der Donau. Und Anlässe zum Rasten gibt es mehr als genug.

Die Lichtwirkung ist typisch für ihn – Egid Quirin Asam schuf 1731/40 sowohl den Hochaltar als auch die Stukkaturen in der Klosterkirche zu Osterhofen, sein Bruder Cosmas Damian die Malereien.

ten. Bis heute ordnet sich das 1322 begonnene Rathaus den Kirchen, bischöflichen Residenzen und Burgen unter, zwischen denen die bürgerliche Stadt nur wenig Entfaltungsmöglichkeiten hatte.

Die bischöfliche Antwort auf die wachsende Opposition des Bürgertums im 13. Jahrhundert war der 1219 begonnene Bau der Festung Oberhaus, die im Laufe der folgenden Jahrhunderte ständig vergrößert, verstärkt und zugleich immer mehr zu einer repräsentativen Residenz ausgebaut wurde. Dabei spielte im 16. und 17. Jahrhundert auch die Bedrohung durch die donauaufwärts vordringenden Türken eine Rolle. So diente Passau 1683 Kaiser Leopold I., seinem Hofstaat und der Reichsregierung während der Belagerung Wiens als Zuflucht. Die Festung beherbergt heute ein sehenswertes Museum.

Ein Wehrgang verbindet die Festung Oberhaus mit der Festung Niederhaus, die seit der Mitte des 13. Jahrhunderts an strategisch hervorragender Stelle den Schiffsverkehr auf der Donau und die Salzstraße durch das Ilztal nach Böhmen kontrollieren konnte.

An Italien erinnert das barocke Stadtbild

Passau hat 1662 und 1680 verheerende Stadtbrände erlebt. Der barocke Wiederaufbau gab der Stadt das heutige, an Italien erinnernde Erscheinungsbild. Darunter befindet sich häufig noch der mittelalterliche Kern der Gebäude. Dies gilt auch für die Heiligkreuzkirche des Klosters Niedernburg. Die um 1040 geweihte dreischiffige romanische Pfeilerbasilika ist vielfach verändert worden, im westlichen Teil blieb der ursprüngliche Zustand aber erhalten. Der Westchor trägt Merkmale einer Kaiserempore. Im Südquerarm befindet sich das Grabmal der hl. Gisela, einer Schwester Kaiser Heinrichs II., die als Witwe des ungarischen Königs in das Kloster eintrat und Äbtissin wurde.

Das Rathaus konnte sich ab 1322 nur bescheiden entwickeln. Anfang des

15. Jahrhunderts entstand der gotische Saalbau. Aber erst nach Abbruch der Stadtmauer im 19. Jahrhundert entstand zur Donau hin ein geräumiger Vorplatz, der das nun im Stil des Historismus um 1890 repräsentativ ausgestaltete und mit einem neuen Turm versehene Rathaus angemessen zur Wirkung kommen läßt. Im großen Ratssaal zeigen zwei Kolossalgemälde des Passauer Historienmalers Ferdinand Wagner den Einzug Kriemhilds in Passau nach der Nibelungensage und die Hochzeit von Kaiser Leopold I. mit Eleonore von Pfalz-Neuburg, die 1676 in der Hofkapelle der Alten Residenz stattfand.

Demonstrierte Machtanspruch: der gewaltige Dombau

Stadtbeherrschend erhebt sich an der höchsten Stelle des Altstadthügels zwischen Donau und Inn die Domkirche St. Stephan. Der in seinen Dimensionen gewaltige Barockbau entspricht im wesentlichen den Maßen des gotischen Vorgängerdomes. Er war um 1300 begonnen und im späten 16. Jahrhundert vollendet worden. Seine Größe verlieh der Bedeutung und dem Herrschaftsanspruch der Kirche im größten Bistum des Reiches Ausdruck. Wie fast das ganze mittelalterliche Passau wurde auch der Dom durch den Stadtbrand von 1662 weitgehend zerstört. Erhalten blieben Ostchor und Querhaus, die in den barocken Neubau einbezogen wurden.

Dem italienischen Baumeister Carlo Lurago gelang in genialem Zusammenwirken mit dem Stukkateur, seinem Landsmann Giovanni Battista Carlone, trotzdem die Gestaltung eines monumental geschlossenen Innenraumes. Auch die zur festlichen Raumwirkung beitragenden Fresken schufen überwiegend italienische Meister. Während die Seiten- und Querschiffaltäre ebenfalls von Carlone stammen, ist der Hauptaltar eine Schöpfung unserer Zeit. Berühmt ist der Passauer Dom nicht zuletzt wegen seiner gewaltigen Orgel, die als größte Kirchenorgel der Welt gilt. Die Westfassade verweist auf oberitalienische Vorbilder und den Salzburger Dom. Sie beherrscht den Domplatz der von den ehemaligen Domherrenhöfen gesäumt wird.

Passau besitzt zwei Bischofsresidenzen. Die Alte Residenz entstand im 15. und 16. Jahrhundert. Ihre Repräsentationsräume wurden im 18. Jahrhundert neu ausgestattet, als östlich des Domes die Neue Residenz bereits stand. Dort lohnt ein Blick in das mit verspieltem Stuck dekorierte Treppenhaus.

Aus der gleichen Zeit stammt das ehemalige Fürstbischöfliche Opernhaus, das 1883 durch Dekret Fürstbischof Joseph von Auerspergs vom adeligen Hoftheater zu einer der Aufklärung verpflichteten Bildungsstätte für alle Bürger werden sollte, so daß sich das heutige Stadttheater auf eine lange Tradition berufen kann.

In der Neuen Residenz befindet sich das Domschatz- und Diözesanmuseum, das mit unglaublichen Schätzen prunken kann – kein Wunder bei dem einstigen Reichtum des Bistums.

Die wahre Geschichte von der Kaiserampel

Über der Ilzstadt liegt die Wallfahrtskirche Mariahilf. Zur Ausstattung der schlichten Kirche gehört eine Prunkampel, die sogenannte Kaiserampel, die Kaiser Leopold I. anläßlich seiner Hochzeit in Passau 1676 gestiftet hat. Im Klostergang finden sich Trophäen

Nach wie vor bestimmen Kirchen das Stadtbild Passaus. Das Rathaus nimmt sich relativ bescheiden aus: Es ist das Gebäude mit seitlichem Uhrturm und dem großen Platz zum Donauufer hin.

aus den Türkenkriegen als Votivgaben des Kaisers.
Die »kaiserliche« Geschichte Passaus findet mit dem Untergang des Reiches 1806 ein Ende. Doch liefert das österreichische Kaiserhaus auch noch im 19. Jahrhundert Stoff zu Anekdoten: Die »Kaiserampel« hatte das Königreich Bayern nach der Säkularisation konfisziert. Der Wiener Hof, der Tradition des Hauses Habsburg treu, protestierte, und München mußte das kostbare Stück nach Passau zurückgeben, einer der seltenen Fälle, in dem die Ausplünderung der Provinz durch den jungen bayerischen Zentralismus rückgängig gemacht werden konnte. Und nicht unerwähnt soll bleiben, daß Kaiserin Elisabeth, die berühmte »Sissi«, auf ihrer Brautfahrt nach Wien 1854 in Passau Station machte. 1862 kehrte sie noch einmal zurück und wohnte acht Tage im Hotel »Wilder Mann« am Rathausplatz, wo auch heute noch der Tourist sich betten und vor allem eine umfangreiche historische Glassammlung bewundern kann.

Mächtig erhebt sich Passaus Dom St. Stephan über die Stadt; mehrere Jahrhunderte bauten an ihm, und erst in diesem Jahrhundert bekam er die, wie es heißt, größte Kirchenorgel der Welt.

Die barocke Dreifaltigkeitssäule auf Linz' Stadt- oder Hauptplatz, dahinter die neoklassizistischen Flügelbauten. – Rechts: Die sogenannte Brucknerorgel in der Stiftskirche St. Florian.

In Passau ist im 12. Jahrhundert das Nibelungenlied geschrieben worden – eine Mixtur aus Sagen, Historie und Realität. Einige der darin geschilderten Schauplätze und die Landeshauptstadt Linz sind Ziele dieses Kapitels.

Kunstsinnig waren Passaus Fürstbischöfe nicht nur zur Barockzeit. Als Förderer der Kultur war bereits Bischof Wolfger von Erla bekannt, der von 1191 bis 1204 regierte. Daß der Minnesänger Walther von der Vogelweide 1203 an seinem Hofe weilte, ist bekannt. Und hier ist auch der namenlose Verfasser des Nibelungenliedes zu suchen.
In diesem großen Epos des Mittelalters vereinigen sich mehrere Sagen: die bis in die mythische germanische Überlieferung zurückreichende Erzählung vom Drachentöter Siegfried, politische Ereignisse und Familienkonflikte am merowingischen Königshof, deren tatsächlicher geschichtlicher Hintergrund nicht mehr aufzudecken ist, schließlich der Untergang des am Mittelrhein gelegenen Reiches der Burgunder in militärischen Auseinandersetzungen mit dem spätrömischen Gallien 435/36, an denen auch Hunnen beteiligt waren und wobei die historisch bezeugten Burgunderkönige Gunther und Giselher den Tod fanden.
Durch mündliche und schriftliche Überlieferung des Mittelalters war dieses Sagengut im Volk wie in höfischen Kreisen lebendig geblieben. Geschichte und Mythos wurden miteinander verwoben zur Erzählung von Siegfried, dem Königssohn aus Xanten, der am Hofe der Burgunderkönige Gunther, Gernot und Giselher zu Worms am Rhein um deren Schwester

AUF DEN SPUREN DER NIBELUNGEN DURCH OBERÖSTERREICH

Kriemhild wirbt. Erst nachdem er mit List Brünhild, die starke Königin von Island, überwunden und für König Gunther geworben hat, erhält Siegfried Kriemhilds Hand. Der berühmte Königinnenstreit zwischen Brünhild und Kriemhild vor dem Portal des Münsters führt zur Ermordung Siegfrieds durch Brünhilds Gefolgsmann Hagen. Kriemhilds Rache ist der Untergang der Burgunderkönige: Als Gemahlin des Hunnenkönigs Etzel lockt sie ihre Brüder an dessen Hof, wo sie erschlagen werden.

Wurde um 1200 geschrieben: das Nibelungenlied

Das Nibelungenlied ist ein farbenprächtiges höfisches Epos, das im Gegensatz zu anderen Versromanen des Mittelalters in geografisch bestimmbaren Gegenden an Rhein und Donau spielt. Es spiegelt höfisches Zeremoniell und höfische Feste der Zeit, in der es niedergeschrieben wurde: der Wende vom 12. zum 13. Jahrhundert. Und es beschreibt königliche Reisen dieser Zeit. Sie sind es, die den Entstehungsort des Nibelungenliedes näher bestimmen lassen. Denn während die Orte und Gegenden der Handlung am Rhein recht vage bleiben, werden die Beschreibungen immer genauer, je mehr sich das Geschehen nach Österreich und Ungarn verlagert.

Hier lassen sich die Reisen bis heute genau verfolgen, die im Lied beschrieben werden: des Markgrafen Rüdiger von Bechelaren, dem heutigen Pöchlarn, als Brautwerber König Etzels nach Worms und zurück an den hunnischen Hof, Kriemhilds Brautfahrt, die Reise der Boten, die Kriemhilds Brüder zur Sonnwendfeier an Etzels Hof einladen, und schließlich die Fahrt der Könige, die eine Reise ohne Wiederkehr werden soll. All diese Reisen haben nie stattgefunden, denn am Untergang des Burgunderreiches waren zwar die Hunnen tatsächlich beteiligt, aber die Entscheidungsschlacht fand im Westen, im Stammland der Burgunder statt.

Die österreichische Nibelungenstraße, die in Passau beginnt, folgt zunächst ein ganzes Stück unmittelbar der Donau durch das Waldland Oberösterreichs, das hier nahe an den Strom heranrückt. Seit undenklichen Zeiten Durchzugsland von Völkern, Herrschern und Händlern, ist dieser Weg ein Höhepunkt für Burgenromantiker.

Burg Krempelstein: Wachtburg und Mautstation

Burg Krempelstein auf steiler Klippe über dem rechten Donauufer war Wachtburg und Mautstation der Passauer Bischöfe seit dem 14. Jahrhundert. Unterhalb der Burg am Fels findet sich ein Relief, das den Zug der Nibelungen darstellt. Nicht weit stromab liegt gegenüber auf deutscher Seite **Obernzell.** 1220 gelangte der Marktort an das Hochstift Passau. Die ursprünglich gotische Burg wurde im 16. Jahrhundert in ein Renaissanceschloß umgewandelt.

Auf der grünen Wiese liegt die barocke Stiftskirche Mariae Himmelfahrt von Engelhartszell. Die 1293 gegründete Zisterzienserabtei ist noch heute ein Kloster: für Trappisten.

Auf der deutschen Donauseite liegt das freundliche Obernzell; die Rokoko-Pfarrkirche und das Renaissance-Schloß mit seinem Keramikmuseum laden zum Anschauen ein.

Vichtenstein ist eine umfangreiche, eindrucksvolle Burganlage, die auf das 11. Jahrhundert zurückgeht. **Engelhardszell** könnte schon in römischer Zeit Wach- und Raststation gewesen sein, denn für die Römer war die Donau nicht nur Grenze, sondern auch Transport- und Reiseweg. Wenige Kilometer flußabwärts jedenfalls wurde in Oberranna ein kleines römisches Kastell ausgegraben. Für die Passauer Domherren war der Ort seit der Gründung des Klosters Engelszell Ende des 13. Jahrhunderts, was er bis heute geblieben ist: beliebter Ausflugs- und Erholungsort und willkommene Einkehr auf der Fahrt nach Linz. Ihre barocke Gestalt erhielten die Stiftskirche Mariae Himmelfahrt und die übrigen Gebäude des heutigen Trappisten-Klosters 1754/64. 1957 wurde im Langhaus ein modernes Deckenfresko angebracht.

Auf dem weiteren Weg wechseln sich Burgruinen und erhaltene Herrensitze in bunter Folge ab: Hoch über dem linken Ufer liegen das 1268 erstmals erwähnte **Schloß Rannariedl** und **Schloß Marsbach,** das über den Resten einer mittelalterlichen Burg 1561/98 neu entstand und heute als Hotel dient, unten im Tal die Ruine Oberwesen und schließlich, auf dem Bergsporn über der Schlögener Donauschlinge, die Reste der **Burg Halchenbach.** Umstritten und umkämpft waren diese Burgen jahrhundertelang, und die Passauer Bischöfe spielten dabei fast immer eine Rolle. Die Bevölkerung dieser Gegend weiß dem Gast noch manche Sage und Schauergeschichte um die alten Gemäuer zu erzählen.

Bei Schlögen schlägt die Donau eine Schlinge

Die **Schlögener Schlinge** gehört zu den großartigsten Landschaften des Donautals. Wer sie erleben will, muß von Schlögen aus am rechten Ufer zu Fuß oder mit dem Fahrrad weiter, denn die Autostraße verläßt hier den Fluß. Daß das Nibelungenlied die **Burg Schaumberg** nicht erwähnt, ist eigentlich erstaunlich, denn sie war zu Lebzeiten des Dichters Sitz eines der bedeutendsten Adelsgeschlechter Oberösterreichs. Noch die Ruinen der im 19. Jahrhundert verfallenen, früher einmal größten und mächtigsten Burg Österreichs sind eindrucksvoll. Offensichtlich wurden die vielen Burgen des Donautales oder vielmehr die Ritter, die auf ihnen saßen, vom Verfasser des Nibelungenliedes mehr als Bedrohung denn als Schutz friedlicher Reisender angesehen, denn als Kriemhild wohlbehalten nach **Eferding** gelangt, betont er, daß dies ohne die üblichen Raubüberfälle geschehen sei. Die Eferdinger Überlieferung nennt als Ort der gastlichen Aufnahme Kriemhilds das Schloß Starhemberg, das aber erst 1255 urkundlich erwähnt wird. Das heutige Erscheinungsbild des Schlosses mit einer schönen klassizistischen Gartenfront ist das Ergebnis von Um- und Erweiterungsbaumaßnahmen des 18. Jahrhunderts. Das Schloß beherbergt ein sehenswertes Museum.

Schloß Hartheim wenige Kilometer östlich von Eferding gehört zu den

Immer beliebter werden sie, die bequemen, viel Abwechslung bietenden Flußkreuzfahrten, doch auf der Donau sind sie fast schon Tradition.

herausragenden Renaissanceschlössern Oberösterreichs: eine geschlossene Vierflügelanlage mit Arkadenhof und wehrhaft wirkenden Ecktürmen, deren Innenausstattung größtenteils im Schloß Eferding ist.

Stift Wilhering ist eine zisterziensische Gründung des 12. Jahrhunderts. An die mittelalterliche Stiftskirche erinnert allerdings nur noch das romanische Portal der früheren Pfeilerbasilika, denn 1733 vernichtete ein großer Brand Kirche und Teile des Klosters. So kam es zum Neubau der Stiftskirche Mariae Himmelfahrt, für deren Innenausstattung bedeutende Künstler der Zeit berufen wurden. Für den Gesamtentwurf der Ausgestaltung dürfte der kaiserliche Theateringenieur Andreas Altomonte verantwortlich gezeichnet haben. Er schuf zusammen mit seinem Sohn Bartolomeo und Neffen Martin Altomonte als Maler und Freskanten sowie hervorragenden Wessobrunner Stukkateuren, Schnitzern und Vergoldern den schönsten Kirchenraum des Rokoko in Österreich, der in seiner Harmonie von Farben und plastischen Formen seinesgleichen sucht.

Linz war den Habsburgern eng verbunden

Oberösterreichs Hauptstadt **Linz** war im 15. und 16. Jahrhundert dem Haus Habsburg besonders eng verbunden. Friedrich III., 1452 als letzter deutscher Kaiser in Rom vom Papst gekrönt, legte 1477 die Burg Linz an, in der er, durch die Ungarn aus Wien vertrieben, von 1489 bis zu seinem Tode 1493 residierte.

In dieser Zeit war Linz die Hauptstadt des Heiligen Römischen Reiches Deutscher Nation. Friedrich III. hat seinen universalen Herrschaftsanspruch mit der berühmten Devise AEIOU zum Ausdruck gebracht, die als Wappeninschrift am Friedrichstor der Burg erhalten geblieben ist: »Austriae est imperare orbi universo«, oder volkstümlich: »Alles Erdreich ist Österreich untertan«. Der Überlieferung nach ist Friedrich III. im Kremsmünstererhaus unterhalb des Burgberges gestorben. Hier hat die Stadt Räume eingerichtet, die dem Gedächtnis des Kaisers gewidmet sind.

Friedrichs III. Nachfolger, Maximilian I., und dessen Enkel Ferdinand I. mehrten den Wohlstand der Stadt durch Privilegien. 1497 verfügte Kaiser Maximilian den Bau der Donaubrücke. Kaiser Ferdinand I. heiratete 1521 in Linz die ungarische Königstochter Anna.

Von der Burg Kaiser Friedrichs III. sind nur die Befestigungsmauer, die Bastionen und das Friedrichstor erhalten geblieben. Das heutige ehemalige Kaiserliche Schloß ist ein Neubau, den Kaiser Rudolf II. 1599 begann. Im 17. Jahrhundert residierte der Wiener Hof während des Dreißigjährigen Krieges und der Türkengefahr wiederholt im Linzer Schloß. Es beherbergt heute umfangreiche kunst- und kulturgeschichtliche Sammlungen des Oberösterreichischen Landesmuseums.

Gern den Überblick behielten die früheren Burg- oder Schloßherren. Das gilt auch für Schloß Marsbach, das im 16. Jahrhundert über den Resten einer mittelalterlichen Burg entstand.

Der Förderung durch die Babenberger, die 1210 die Siedlung den Passauern abgekauft hatten, verdankt Linz seine innere Stadtgestalt. Im 13. Jahrhundert kommt es zur Stadterweiterung um den Hauptplatz, der bis heute das Herz der Stadt bildet. Viele der ihn umrahmenden Häuser haben einen spätgotischen Kern, der im 17. Jahrhundert barock oder klassizistisch überformt wurde. Besonders eindrucksvoll sind das Feichtingerhaus, der ehemalige Gasthof »Zum Elefanten« und das ehemalige Palais Weissenwolf. Das Rathaus geht auf das Jahr 1513/14 zurück. Es wurde 1658/1659 im Stil des Frühbarock erweitert und mit einer neuen Schaufront versehen. Nach dem Neubau der Donaubrücke 1938/40 erhielt der Hauptplatz einen neuen nördlichen Abschluß durch monumentale neoklassizistische Flügelbauten. Inmitten des Hauptplatzes die barocke Dreifaltigkeitssäule von 1723 aus weißem Salzburger Marmor.

In der Stadtpfarrkirche Mariä Himmelfahrt östlich des Hauptplatzes sind Herz und Eingeweide Friedrichs III. unter einem Wappengrabstein im Chor bestattet. 1648/56 entstand der heutige Kirchenbau unter Verwendung gotischer Teile. An der malerischen Ausgestaltung im 18. Jahrhundert war Bartolomeo Altomonte wesentlich beteiligt. Er schuf vor allem die Deckenfresken im Chor und der Johann-Nepomuk-Kapelle. Hier ruht der Linzer Stadtbaumeister Johann Michael Prunner, der die Kapelle gestiftet und in den ersten Jahrzehnten des 18. Jahrhunderts mit der Neugestaltung zahlreicher Häuser für Adel, Prälaten und Patriziate das barocke Gesicht der Stadt geprägt hat.

Die größten Künstler prägten das barocke Stadtbild

An der geschlossenen barocken Prägung von Linz wirkten außerdem Künstler und Architekten mit, die zu den Großen ihrer Zeit in Österreich gehörten: Pietro Francesco Carlone, Jakob Prandtauer, Johann Lukas von Hildebrandt, und immer wieder stößt der Kunstliebhaber auf seinem Rundgang durch die Kirchen der Stadt auf die Malerfamilie Altomonte.

Daß Linz seit Jahrhunderten ein kulturelles Zentrum Österreichs ist, versteht sich fast von selbst. Im Mozarthaus komponierte Wolfgang Amadeus Mozart 1783 die »Linzer Symphonie«, im Alten Dom war Anton Bruckner von 1856 bis 1868 Domorganist. Adalbert Stifter, in dessen Dichtungen das Waldland Oberösterreichs lebendig geblieben ist, wohnte und starb in einem Haus an der Unteren Donaulände. Das Keplerhaus in der Rathausgasse erinnert an den Mathematiker und Astronomen, der 1612 nach dem Tode seines Gönners, Kaiser Rudolfs II., nach Linz übersiedelte (bis 1626), hier seine »Harmonices Mundi«, die »Weltharmonik«, veröffentlichte und sein Hauptwerk, die »Rudolphinischen Tafeln«, vollendete.

Die »Oberösterreichische Landschaft«, eine Versammlung der Stän-

Wer die Donaulandschaft an der Schlögener Schlinge erleben will, muß sich zu Fuß oder per Fahrrad auf den Weg machen. Der kleine Ausflug ist durchaus empfehlenswert.

de, das heißt der Prälaten, Herren, Ritter und Städte, die das Land gegenüber den habsburgischen Landesfürsten vertraten, tagte seit 1503 in Linz. Als Gebäude für ihre Versammlungen und Amtsgeschäfte errichteten sie auf dem Areal des seit der Reformationszeit verwaisten Minoritenklosters das Landhaus. Während die Schauseiten des Landhauses nach dem Brand von 1800 klassizistisch überformt wurden, ist das Innere ganz von der Entstehungszeit des 16. Jahrhunderts geprägt: die monumentale tonnengewölbte Erdgeschoßhalle mit dem darüberliegenden Steinernen Saal, dem Versammlungsraum der Stände, der Laubenhof mit dem Planetenbrunnen. Die Landhauskirche entstand 1751/58, ein äußerlich strenger Bau, der eine zierlich-elegante Rokokoausstattung birgt.

Erinnert an Wien: der Neue Dom zu Linz

Ausdruck der romantisch-religiösen Stimmung des 19. Jahrhunderts ist der neugotische Neue Dom, dessen Ausmaße an den Wiener Stephansdom heranreichen. Er wurde im Stil der französischen Kathedralgotik zwischen 1862 und 1924 nach Plänen des Kölner Dombaumeisters Vinzenz Statz erbaut.

Auf der Weiterfahrt von Linz nach Enns gelangt man auf halbem Weg durch einen kleinen Abstecher zum Augustiner-Chorherrenstift **St. Florian.** Der 1686 von Carlo Antonio Carlone begonnene, von Jakob Prandtauer fortgeführte und erst nach dessen Tod 1751 vollendete weitläufige Klosterkomplex verkörpert in geradezu idealer Ausprägung den Typus der »kaiserlichen« Stifte des Barock in Österreich, die nicht nur kirchliche, sondern auch wirtschaftliche und politische Aufgaben hatten.

Der Propst des Stiftes war geistlicher Hirte eines großen Gebietes mit zahlreichen Pfarreien und Grundherr großer Ländereien. In dieser Eigenschaft vertrat er führend den Prälatenstand im Linzer Landtag. Der stiftische Grundbesitz gehörte andererseits zum äußeren Kammergut des österreichischen Landesherrn, der zugleich römisch-deutscher Kaiser war. Deshalb hatte das Stift auch der kaiserlichen Repräsentation und als Residenz zu dienen, wenn der Kaiser auf Reisen war, beispielsweise zu Reichstagen in Regensburg oder Krönungsfeierlichkeiten in Frankfurt.

Bei den Gebäuden von St. Florian sind die unterschiedlichen Funktionen des Stiftes schon äußerlich deutlich hervorgehoben: An die prunkvolle Stiftskirche schließen sich die schlichteren Konventsgebäude des eigentlichen Klosters an. Südlich davon gruppieren sich die schloßartigen Repräsentationsräume um den Stiftshof.

Auf der Linzer Burg sind am Friedrichstor alle Vokale zu lesen: AEIOU – was die Abkürzung für »Austria est imperare orbi universo« ist, also »Alles Erdreich ist Österreich untertan«.

Stiftskirche St. Florian in vollendeter barocker Pracht

Die Stiftskirche Mariä Himmelfahrt ist noch ganz das Werk Carlo Antonio Carlones. Barocke Pracht verströmt die Stuckausstattung seines Bruders Bartolomeo in reinem Weiß, mit der die Fresken ebenso kräftig kontrastieren wie Altäre und Chorgestühl. Die große Orgel auf der Westempore ist nach Anton Bruckner benannt, obwohl sie schon 1770/74 entstand. Aber er hat sie regelmäßig gespielt in seiner Zeit als Lehrer und Stiftsorganist in St. Florian in den Jahren von 1845 bis 1855. In der Gruft unter dem Langhaus der Kirche hat er 1896 die letzte Ruhe gefunden.

Die langgestreckte einheitliche Westfront der Stiftsgebäude wird durch ein reiches Portal unterbrochen. Es führt in den großen südlichen Stiftshof. Vom Adlerbrunnen, der eine Huldigung an das Haus Habsburg darstellt, blickt man rundum auf ein Ensemble weltlich-geistlicher Baukunst, wie es in dieser Harmonie und Vollkommenheit im Barock kaum wieder erreicht worden ist. Während der nördliche Konventsflügel schlicht gehalten ist, symbolisiert im Osten der Bibliotheksbau die Bedeutung des Stiftes für die Künste und Wissenschaften.

Wer das Eferdinger Museum besucht, landet in diesem Schloß namens Starhemberg, das sein heutiges Aussehen im 18. Jahrhundert erhielt.

Westlich der Straße zwischen Schlögen und Eferding liegt die Ruine Schaumberg – einst war sie die größte und mächtigste Burg Österreichs, doch seit dem 19. Jahrhundert verfällt sie.

Ihm gegenüber, auf der Westseite, führt das grandiose, von Carlone begonnene und von Prandtauer genial zu Ende geführte Treppenhaus in die fürstlichen und kaiserlichen Wohn- und Repräsentationsräume mit exzellenter Ausstattung und Möblierung. Im anschließenden zweiten Stock des Bibliotheksflügels befinden sich die hervorragenden originalen Kunstsammlungen des Stiftes, deren Höhepunkt die 14 Tafelbilder des Sebastians-Altars sind, die Albrecht Altdorfer 1516/18 für die gotische Vorgängerkirche des Stiftes schuf.
Das Werk Prandtauers ist der Südflügel mit dem Marmor- oder Kaisersaal, der ganz der Verehrung des Herrscherhauses gewidmet ist: Die pathetischen Deckenfresken von Martino und Bartolomeo Altomonte verherrlichen allegorisch die Siege Österreichs und Ungarns über die Türken, die beiden Ölbilder an den Stirnwänden den Prinzen Eugen und Kaiser Karl VI.

Enns: Es begann mit einer großen Römerfestung

Die Geschichte von **Enns** ist genau genommen die Geschichte zweier Städte. Ende des 2. Jahrhunderts n. Chr. errichteten die Römer an dieser strategisch wichtigen Stelle an der Mündung der Enns in die Donau eine große, mit Mauern und Türmen umwehrte Festung. Gleichzeitig wurde westlich eine Zivilsiedlung angelegt, die 212 unter Kaiser Caracalla Stadtrecht erhielt. Der Name von Festung und Zivilstadt stammt vermutlich von der vorausgegangenen keltischen Besiedelung: Lauriacum, aus dem später Lorch wurde.
Da die mittelalterliche Nachfolgestadt weiter südlich errichtet wurde, blieb der römische Festungsbereich bis heute im Gelände erkennbar. Nach dem Abzug der Römer wurde Lorch Grenzort des agilolfingischen Stammesherzogtums und gelangte nach dem Sturz Tassilos III. in die Hand Karls des Großen, der den Ort als Stützpunkt für seine Feldzüge gegen die Awaren benutzte.
Im 10. Jahrhundert wurde eine neue

Burg auf dem Höhenrücken südlich von Lorch angelegt, wo schließlich um 1100 planmäßig das heutige Enns entstand. An einer Stelle hielt sich die bauliche Kontinuität von der Antike bis zur Gegenwart: In der St.-Laurentius-Kirche gelang der Nachweis einer frühchristlichen Kirche des 4. Jahrhunderts über den Mauern eines keltischen Tempels. Sie war bereits 476 Bischofssitz und Mutterkirche der ersten Christianisierung der Bayern.

Markanter Blickpunkt ist der hohe Stadtturm

Die mittelalterliche Stadt Enns, die 1212 Stadtrecht erhielt, wird geprägt von der Baugruppe des im wesentlichen im 16. Jahrhundert entstandenen Schlosses Ennsegg und der gotischen Pfarrkirche Maria Schnee, zu der die Wallseer Kapelle als architektonisches Kleinod des 14. Jahrhunderts gehört. Dazwischen liegt die bürgerliche Stadt mit dem markanten Stadtturm inmitten des von barocken Häusern gesäumten Hauptplatzes. Den Bau des eindrucksvoll hohen Turmes hat Kaiser Maximilian II. 1566 bei der Durchreise zum Reichstag in Augsburg ausdrücklich genehmigt. 1489 überließ Kaiser Friedrich III. das Münzhaus am Hauptplatz der Bürgerschaft als Rathaus, in dem sich heute das sehenswerte Museum befindet. Hinter den barocken Fassaden der Ennser Altstadthäuser verbirgt sich meist ein gotischer Kern, der in verschiedenen Höfen mit malerischen Laubengängen sichtbar wird.

Während Karl der Große seine dreitägigen Gottesdienste und Bußfeierlichkeiten vor dem Awarenfeldzug von 791 auf freien Feld bei dem alten Lauriacum-Lorch abgehalten haben dürfte, ist der Schauplatz, den der Dichter des Nibelungenliedes für die Begegnung Kriemhilds mit Gotelind, der Gemahlin des Markgrafen Rüdiger von Bechelaren, gewählt hat, wohl an anderer Stelle zu suchen: östlich und jenseits der Enns, wo sich auf freiem Feld eine Kapelle befindet. Hier wurden bis ins 15. Jahrhundert Gäste empfangen und in die Stadt geleitet. Bis an die Enns als Grenze des Hunnenreiches waren die Gefolgsleute König Etzels dem Brautzug der Nibelungen entgegengekommen, hatten Zelte für die Unterkunft aufgebaut. Lebhaft schildert der Dichter das höfische Lagerleben mit Turnier, ritterlichem Frauendienst und Austausch von Geschenken. Die Weiterreise erfolgt auf dem direkten Landweg nach Bechelaren – Pöchlarn.

Lohnende Abstecher auf dem Weg nach Grein

Der heutige Reisende wird sich – nach kurzen Abstechern zum **Schloß Achleiten** aus dem 17. Jahrhundert und zu dem romantisch-neugotischen **Schloß Wallsee** sowie über **Stift Ardagger,** wo mit dem Margarethen-Fenster aus der ersten Hälfte des 13. Jahrhunderts ein Hauptwerk der österreichischen Glasmalerei zu bewundern ist – nach Grein im Strudengau wenden.

Grein wird zwar erst 1209 urkundlich erwähnt, doch dürfte sich hier an si-

Die wohlhabenden Stifte und Klöster haben sich gern aufwendige Bibliotheken gegönnt. So ist auch die des Augustiner-Chorherrenstifts St. Florian eine barocke Augenweide.

Die Greinburg mit dem malerischen Arkadenhof aus dem 17. Jahrhundert steht in Grein, dem Hauptort des Strudengaus; innen befindet sich das Oberösterreichische Schifffahrtsmuseum.

cherer Landestelle oberhalb der zu allen Zeiten gefürchteten Stromschnellen, des Strudels, schon in frühester Zeit eine Ansiedlung befunden haben. Bei Regulierungsarbeiten geborgene zahlreiche ur- und frühgeschichtliche Funde und römische Münzen, die als Stromopfer zu deuten sind, dokumentieren früheste Schiffahrt auch auf diesem gefährlichen Abschnitt der Donau. Fürstliche und kaiserliche Privilegien sicherten den Greinern Flöß- und Lotsenrechte, sie hatten das Stapel- und Fuhrrecht für alle Waren, die, um die Untiefen leichter zu überwinden und die Güter nicht zu gefährden, aus den stromabfahrenden Schiffen entladen und über Land transportiert wurden.

Das kleine Stadttheater befindet sich im Rathaus

1488 erhielten die Freiherren von Mettenburg von Kaiser Friedrich III. das Recht, ein Schloß, die heutige Greinburg, zu bauen. Aus der ersten Erbauungszeit stammen noch der Torturm und die Erdgeschoßhalle mit ihrem originellen Zellengewölbe. Der schöne dreigeschossige Arkadenhof gehört der Renaissance des 17. Jahrhunderts an. Ein sehenswertes Schifffahrtsmuseum im Schloß gibt einen guten Überblick über die Donauschifffahrt von den frühen Anfängen bis in unsere Zeit. Das Rathaus der Stadt besitzt als Besonderheit ein originelles kleines Stadttheater aus der Mitte des 19. Jahrhunderts.

Wie gefährlich noch Mitte des 19. Jahrhunderts die Strudelfahrt war, zeigt die Brautfahrt der Prinzessin Elisabeth, der späteren Kaiserin »Sissi« im April 1854. Das Dampfschiff kam im Strudel bei niedrigem Wasserstand einem Riff zu nahe und lief auf. Durch ein Leck drang Wasser in das Schiff. Der Kapitän fuhr aber mit voller Kraft weiter und ließ das Schiff unterhalb des Haussteins an Land laufen. Elisabeth mußte die Fahrt mit einem nachfolgenden Schiff fortsetzen. Der 1954 begonnene Bau der Staustufe Ybbs-Persenbeug hat dem Donaustrudel endgültig seine wilde Romantik, aber auch seine Gefahren genommen. Wer heute auf dem Promenadendeck eines sanft darübergleitenden Passagierschiffes diese Flußlandschaft an sich vorüberziehen läßt, kann sich kaum vorstellen, daß auch nach der Einführung der Dampfschifffahrt auf der Donau die Greiner Enge flußaufwärts häufig nur mit Unterstützung von Pferde- und Ochsengespannen zu befahren war und immer wieder Schiffe beschädigt wurden oder sanken.

Im Stift Ardagger erhielt die spätromanische Pfeilerbasilika Ende des 17. Jahrhunderts eine barocke Ausstattung; erhalten blieb das Margarethenfenster, eine Glasmalerei aus dem 12. Jahrhundert.

Von den zahlreichen Burgen, die den Strudengau beherrschten, sind nur noch zwei als Ruinen erhalten: **Werfenstein** und **Sarmingstein.**

Staustufe und Kraftwerk veränderten die Flußlandschaft

Wo sich das enge Donautal wieder weitet, wurde die Flußlandschaft durch Staustufe und Kraftwerk stark verändert. Vor allen Dingen **Persenbeug** hat seinen Bezug zum natürlichen Flußufer verloren. Auf dem Schloßberg von Persenbeug dürfte schon zur Zeit Karls des Großen eine Burg zum Schutz der Donaustraße angelegt worden sein. Die im Laufe der Zeit entstandene Siedlung, die zu einem bedeutenden Schiffsbauplatz wurde, ist seit dem 10. Jahrhundert bezeugt. In dieser Zeit entstand die neue Grenzfestung gegen die Ungarn. Das heutige Schloß wurde 1617/21 errichtet. 1800 gelangte es durch Kauf an Kaiser Franz II. und wurde zum bevorzugten Sommersitz des Kaiserpaares. 1887 wurde hier Erzherzog Karl Franz Joseph geboren, der als Karl I. von 1916 bis 1918 der letzte Herrscher der österreich-ungarischen Monarchie war.

Eng mit der Geschichte des Hauses Habsburg verbunden ist **Schloß Artstetten** in herrlicher Höhenlage über dem nördlichen Donauufer. Das Renaissanceschloß wurde seit seiner Entstehung 1560/92 mehrfach umgebaut und erweitert. 1823 erwarb es der Kaiser, der sich seit der Niederlegung der Krone des Heiligen Römischen Reiches Deutscher Nation im Jahre 1806 nicht mehr Franz II., sondern Franz I. von Österreich nannte.

Seit 1890 war Schloß Artstetten im Besitz des Thronfolgers Franz Ferdinand. Nach der Ermordung in Sarajewo, die 1914 den Ersten Weltkrieg auslöste, ruht das Thronfolgerpaar in der zum Schloß gehörenden barocken Pfarrkirche, deren kunstgeschichtlich bedeutsame Einrichtung wesentlich durch museale Käufe Franz Ferdinands bestimmt wird. Das Schloß beherbergt ein Erzherzog Franz Ferdinand-Museum.

Unweit Artstetten beherrscht **Maria Taferl** die nördlichen Donauhöhen. Der Name stammt von einer Bildtafel in einer Eiche, die schon im 15. Jahrhundert Ziel von Prozessionen gewesen ist.

Am Bau der Wallfahrtskirche zur Schmerzhaften Muttergottes (1671 bis 1711) haben Carlo Lurago, der Baumeister des Passauer Domes, und Jakob Prandtauer mitgewirkt. Die Ausstattung der frühbarocken Kirche trägt die Hansdchrift des späteren 18. Jahrhunderts. Von Maria Taferl aus genießt man einen weiten Blick in die Landschaft des Nibelungengaus.

In Ybbs trafen alte Handelswege zusammen

Ybbs liegt an der Stelle, wo die von Linz über Enns unter Umgehung des Engtales von Struden verlaufende römische Grenzstraße und spätere Kö-

Kräftig Dampf macht das Ausflugsschiff bei seinem Wendemanöver. Das nimmt Schloß Persenbeug, auf dem der letzte Kaiser Österreichs geboren wurde, nichts von seiner Mächtigkeit.

In der zum Schloß Artstetten gehörenden Pfarrkirche stehen die Sarkophage des 1914 in Sarajevo ermordeten Thronfolgers Franz Ferdinand und seiner Gemahlin.

Der 1886 in Pöchlarn geborene Maler Oskar Kokoschka hätte seiner Heimatstadt ein schöneres Nibelungen-Denkmal entworfen als dieses mit den Wappen deutscher und österreichischer Nibelungenstädte.

nigs- und Reichsstraße wieder auf die Donau trifft. Da wegen der gefürchteten Strudel flußaufwärts viele Waren erst hier verladen und verschifft wurden, trafen in Ybbs mehrere Handelsstraßen des Mittelalters zusammen.
Unter den Ungarnkriegen Kaiser Friedrichs III. hatte Ybbs erheblich zu leiden. Der Verlauf der im 19. Jahrhundert abgetragenen mittelalterlichen Wehrmauer ist entlang des Grünzuges am Stadtgrabenweg zu verfolgen. Neben dem einstigen Linzer Tor entstand im 14. Jahrhundert eine landesfürstliche Burg, die 1660 in ein Schloß umgewandelt wurde. 1716 wurde die Stadt durch einen verheerenden Brand fast völlig zerstört. So ist der mittelalterliche Kern vieler Bürgerhäuser hinter barocken Fassaden verborgen.
Auf einer Nebenstraße unmittelbar an der Donau gelangt man vorbei an den Resten des Zisterzienserklosters und dem Schloß **Säusenstein** nach **Pöchlarn,** das sich mit Recht Nibelungenstadt nennt, denn es ist einer der österreichischen Hauptschauplätze des Nibelungenliedes.
In Bechelaren, dem heutigen Pöchlarn, siedelt der Dichter die Burg von König Etzels treuem Vasallen Markgraf Rüdiger an. Gastlich empfängt er Kriemhild in seinem prächtigen und geräumigen Palas. Ritterlich verhält sich Rüdiger gegenüber den Burgunderkönigen, als sie später auf ihrem Ritt zu König Etzel in Bechelaren Unterkunft suchen. Er bereitet ihnen ein großes Festmahl und verlobt seine Tochter Gotelind mit König Giselher.

Vielleicht ließ sich der Dichter von tatsächlichen Ereignissen inspirieren

Für die lebhafte Schilderung dieser Ereignisse mag es einen tatsächlichen historischen Hintergrund geben, den der Dichter frei in seine Erzählung verwoben hat: Er könnte selbst den Durchzug des Kreuzritterheeres von Kaiser Friedrich I. Barbarossa durch Passau erlebt und später vom gastlichen Empfang der Ritter durch König Bela III. von Ungarn auf dessen Burg Gran – dem heutigen Esztergom – gehört haben, bei dem ebenfalls eine Verlobung stattfand, zwischen Belas Tochter und Barbarossas Sohn, dem Herzog Friedrich von Schwaben. Ob Rüdiger von Bechelaren selbst eine historische Gestalt ist, kann man nicht mit Sicherheit sagen. Auszuschließen ist es nicht.
Pöchlarn war schon zur Römerzeit befestigt und besaß einen Militärhafen. 832 schenkte der Karolinger Ludwig der Deutsche Ort und Umgebung dem Hochstift Regensburg, zu dem sie, unterbrochen nur durch die Ungarnzeit, bis 1803 gehörten.
Die Blütezeit der Stadt lag im 15. und 16. Jahrhundert. An den Wohlstand der Kaufleute von damals erinnert der Welsterturm, in dem heute das Heimatmuseum untergebracht ist. Das im 14. Jahrhundert errichtete Schloß, in dem der Verwalter des Hochstiftes Regensburg saß, wurde bis in das 19. Jahrhundert immer wieder umgebaut und ist nicht zu besichtigen, da in Privatbesitz.

Über alles läßt sich streiten – aber nicht über die unvergleichliche Lage von Schloß Schönbühel unmittelbar an der Donau. – Rechts: Detail des Verduner Altars in Klosterneuburg: die Hölle.

Wichtig für Kaiser und Reich waren die Stifte an der Donau – sehr viel bedeuten sie dem heutigen Kunstfreund. Zu einer Fahrt durch die Wachau gehören auch Spitz, Dürnstein, Krems oder Mautern.

VON STIFT ZU STIFT: BAROCKE BAULUST

Die Geschichte des **Benediktinerstiftes Melk** führt unmittelbar in die Gründungszeit Österreichs. Nach der vernichtenden Niederlage der Ungarn 955 auf dem Lechfeld bei Augsburg richtete Kaiser Otto I. östlich der Enns eine neue Grenzmark ein. Die Gaugrafen, die zunächst ihre Burg auf dem Felsen von Melk bauen ließen, waren bayrisch, wurden aber 976 von dem Babenberger Markgrafen Leopold I. abgelöst. Melk war nun der Hauptpfalzort der Ostmark des Heiligen Römischen Reiches Deutscher Nation, des »Ostarrichi«, das allerdings zunächst nur ziemlich schmale Streifen Land beiderseits der Donau umfaßte. Schon Leopold I. ließ auf dem Burgberg ein Kanonikerstift errichten, in das im Jahre 1089 Benediktinermönche berufen wurden.

1106 wurde der Burg- und Klosterberg von Markgraf Leopold III., der im gleichen Jahr in Melk Agnes, die Tochter Kaiser Heinrichs IV., geheiratet hatte, den Benediktinern völlig übereignet. Das reich ausgestattete Kloster entwickelte sich zu einem geistigen, kulturellen und religiösen Zentrum, von dem im 15. Jahrhundert die benediktinische Klosterreform in Österreich und Süddeutschland ihren Ausgang nahm.

Reformation und Dreißigjähriger Krieg brachten das Klosterleben im 17. Jahrhundert fast zum Erliegen. Der strahlende Wiederaufstieg ist vor

Auch ganz stille Momente gibt es in dem sonst in nahezu allen Räumen repräsentativen Benediktinerstift Melk – beispielsweise diese Fensternische mit einem Globus in der Bibliothek.

allem das Werk zweier Männer: des bei seiner Wahl im Jahr 1700 erst 30jährigen Abtes Berthold Dietmayr und des nur zehn Jahre älteren Baumeisters Jakob Prandtauer aus Tirol. Melk wurde Prandtauers erste große Bauaufgabe und zugleich sein Lebenswerk, das ihn von der Grundsteinlegung 1702 bis zu seinem Tod 1726 beschäftigte und das erst 1747 endgültig zum Abschluß kam. Trotz vieler Schwierigkeiten und Rückschläge hat Berthold Dietmayr, einer der großen kirchlichen Bauherren des Barock, Rektor der Wiener Universität und Ratgeber dreier Kaiser, unbeirrbar die Fertigstellung des großartigen Stiftsbaues betrieben.

300 Meter lange Südfront: Klosterpalast Melk

Melk ist ein wahrer Klosterpalast, der die Stadt mit einer gewaltigen, über 300 Meter langen Südfront überragt. Ein Meisterwerk malerischer Baugruppierung erhebt sich unmittelbar über der Donau: Die Kirche mit dem Dreiklang von reich gegliederten Westtürmen und mächtiger Vierungskuppel wird flankiert von Bibliotheks- und Saaltrakt.

Von Osten betritt man das Stift durch einen eleganten Torbau zwischen wehrhaften Bastionen. Er öffnet den Blick über den Vorhof auf die schloßartige Hauptfront. Der anschließende Prälatenhof wird von der Vierungskuppel der dahinter liegenden Kirche, die ganz von Stiftsgebäuden umschlossen ist, beherrscht. Eine vornehme Treppe mit Wappenfiguren und Kaiser Karls VI. Wahlspruch, »Constantia et fortitudine«, führt von einer Pfeilervorhalle zum langgestreckten Kaisergang mit Porträts der österreichischen Herrscher und den dahinter liegenden, prunkvoll eingerichteten Kaiserzimmern. Den westlichen Abschluß dieses Flügels bildet der große Marmorsaal. Das strahlende, figurenreiche Deckenfresko schuf Paul Troger 1531.

Symmetrisches Gegenstück zum Saalpavillon ist der Bibliotheksbau, dessen großer, mit kostbar intarsierter und geschnitzter Einrichtung ausgestatteter Saal ebenfalls ein allegorisches Deckenfresko Trogers trägt. Bis heute ist der größte Schatz des Klosters seine umfangreiche Bibliothek mit zahlreichen kostbaren Handschriften.

Vom Kolomanihof zwischen Marmorsaal und Bibliothek betritt man durch das Westportal die Stiftskirche. Sie ist eines der großen Meisterwerke des Barock in Österreich, in ihrem Einklang von Licht, Formen, Farben und Ausstattung von perfekter theatralischer Wirkung.

Melk ist das Tor zur **Wachau,** einer Donaulandschaft, in der sich mit seltener Harmonie Geschichte, Kunst und Natur verbinden. Über Jahrtausende ist die Wachau Durchzugs- und Siedlungsgebiet zugleich gewesen, nördliche Reichsgrenze für die Römer und

Zahlreiche kostbare Handschriften gehören noch heute der Klosterbibliothek von Melk. Kostbar ist auch – mit vielen Intarsienarbeiten und Schnitzereien – ihre Ausstattung.

Zu den monumentalsten Klosterresidenzen Europas zählt Stift Melk, dessen Schauseite mit der Kirche sich in der Donau spiegelt – alles wohl geplant vom Baumeister Jakob Prandtauer.

östliche Grenzmark des Reiches im Mittelalter. Während der Weinbau bis heute eine entscheidende wirtschaftliche Grundlage geblieben ist, haben Schiffahrt, Markt- und Stapelrechte oder Mautgebühren ihre Bedeutung verloren. An ihre Stelle ist der Fremdenverkehr getreten: Die Wachau gehört zu den beliebtesten Urlaubslandschaften Österreichs.

Schloß Schönbühel ist dank seiner romantischen Lage auf einem Felsen unmittelbar an der Donau ein beliebtes Fotomotiv (siehe S. 88/89). Der aus dem 19. Jahrhundert stammende Neubau über mittelalterlichen Burgresten ist jedoch nicht zu besichtigen. Das etwas unterhalb liegende Servitenkloster ist eine Gründung des 17. Jahrhunderts, ein schlichter Bau, von dem man aber eine herrliche Aussicht genießt.

Aggstein: malerische Ruinenreste über der Donau

Der **Burgruine Aggstein** sollte man sich eigentlich auf einer Wanderung von Maria Langegg her nähern. Unvermutet öffnet sich der grandiose Blick in das Donautal und die malerisch auf Felsen getürmten Reste der Burg. Im 13. und 14. Jahrhundert saß hier das angesehene Ministerialengeschlecht der Kuenringer, später der als Raubritter verrufene Scheck von Wald. Schaurige Sagen von dessen angeblichem Schreckensregiment im 15. Jahrhundert kann man sich bei einer gemütlichen Einkehr auf der Burg erzählen lassen.

Willendorf ist der Fundort der sogenannten »Venus von Willendorf«, einer fast 30 000 Jahre alten weiblichen Kalksteinfigur, die zu den ältesten Menschendarstellungen überhaupt zählt.

Spitz gehört zu den Hauptorten der Wachau. Im weiten Bogen zieht sich der Ort um den weinbestandenen Tausendeimerberg. Auf ihm befanden sich drei Herrschaftssitze: Bereits im 13. Jahrhundert bezeugt sind Unteres Haus, Vorgänger des Niederen Schlosses und Oberes Haus, die heutige Ruine Hinterhaus. Der Erlahof im Mühlbachtal schließlich war bis 1803 der Sitz des Provisors aus dem Kloster Niederalteich.

In dem stattlichen barocken Herrenhof befindet sich ein sehenswertes Schiffahrtsmuseum. Es vermittelt anhand von historischen Funden, Abbildungen und Dokumenten, vor allem mit vorzüglichen Modellen – darunter nicht nur Flöße, Plätten und »Kelheimer«, sondern auch ein kaiserliches »Leibschiff« der Barockzeit und sogar ein Kriegsschiff aus der Türkenzeit –, ein anschauliches Bild der Donauschiffahrt aus zwei Jahrtausenden.

Spitz' Pfarrkirche St. Mauritius ist eine spätgotische Hallenkirche mit ungewöhnlich abgeknicktem Chor, was durch das Baugelände erzwungen wurde. Unter der reichen figürlichen Ausstattung der Kirche sind vor allem die farbig gefaßten Holzfiguren von Christus und den zwölf Aposteln an der Emporenbrüstung hervorzuheben, die aus dem 14. Jahrhundert stammen. Nur die Stützmauern des Kirchenplatzes erinnern an die frühere wehrhafte Umfriedung der Kirche.

Dagegen blieben die Wehranlagen der Kirche St. Michael gut erhalten. Ihre Umfassungsmauer wurde im 16. und 17. Jahrhundert zum Schutz gegen die Türken erhöht und verstärkt. Schießscharten und Pechnasen unterstreichen den Willen der schutzsuchenden Bevölkerung, sich zu verteidigen. Die spätgotische Kirche wurde 1500/23 erbaut, Architekturdetails verweisen auf einen romanischen Vorgängerbau. Der frei stehende Karner

Herrlich ist der Blick von der Burgruine Aggstein ins Donautal. Die liebliche Lage hat einst einen Raubritter nicht davon abgehalten, sich hier niederzulassen.

Gut befestigt wirkt er immer noch, der Teisenhofer Hof in Weißenkirchen. Der Innenhof des heutigen Wachaumuseums gibt Raum für verschiedene Veranstaltungen.

aus dem 14. Jahrhundert zeigt den hl. Christophorus, der bemerkenswerterweise einen Herzogshut und – dem Volksmund nach – die Züge Kaiser Maximilians I. trägt.

Weißenkirchen wurde 1459 von Kaiser Friedrich III. zum Markt erhoben und erhielt 1493 von Kaiser Maximilian I. ein Wappen verliehen. Die Bürger des Marktes konnten es sich leisten, selbst Kaisern Darlehen zu gewähren, beispielsweise 1458 an Kaiser Friedrich III. zur Linderung der allgemeinen Not im Lande. 1496 spendeten die Weißenkirchener eine beträchtliche Summe zur Romreise Kaiser Maximilians I.

Weißenkirchen: Kanonen für die Kirche

1531 befahl Kaiser Ferdinand I. wegen der Türkengefahr den Ausbau der Wehranlagen rings um die Pfarrkirche Mariae Himmelfahrt, die sogar mit 44 Kanonen bestückt wurden. Auch die Kirche selbst mit ihren steilen Dächern und dem hochaufragenden, massigen Turm besitzt einen wehrhaften Charakter. Die Gesamtanlage ist die bedeutendste Kirchenfestung Niederösterreichs. Auch der Ort zu Füßen der Kirchenburg wird durch wehrhafte Bauten bestimmt. Die ehemalige Lehensritterburg am Marktplatz war Sitz der Vasallen der Kuenringer. Besonders eindrucksvoll ist der 1542 vollendete Teisenhofer Hof, dessen burgartige, zinnenbekrönte und mit Wehrgängen versehene Vierflügelanlage einen großen Arkadenhof umschließt; hier befindet sich das Wachaumuseum.

Dürnstein ist nicht nur wegen seiner befestigten, burggekrönten Lage steil über der Donau der »romantischste« Wachau-Ort. Noch mehr haben wohl die Sagen um den englischen König Richard I. Löwenherz zu diesem Ruf der Stadt beigetragen. Sie führen zurück in die Zeit des Kreuzzuges Kaiser Friedrichs I. Barbarossa.

In Spitz sollte man dem Schiffahrtsmuseum einen Besuch abstatten, das ein anschauliches Bild der Donauschiffahrt vermittelt; hier ein Modell des kaiserlichen Leibschiffs.

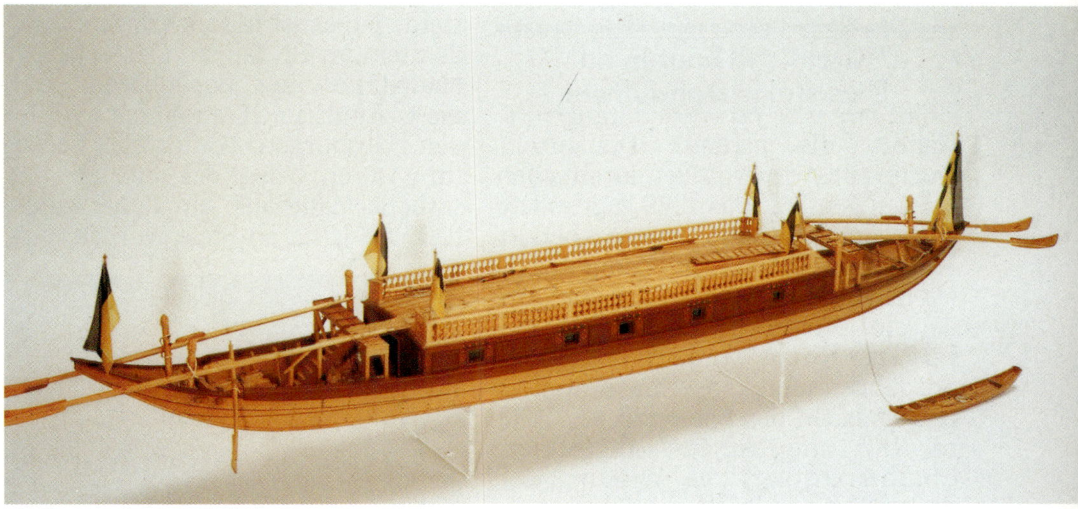

Im Heiligen Land war es zu Auseinandersetzungen zwischen König Richard und dem Babenbergerherzog Leopold V. gekommen. Richards Heimweg nach England im Oktober 1192 gestaltete sich schwierig. Die beginnenden Winterstürme erlaubten nur eine kurze Seereise. Mit kleiner Begleitung erreichte er schließlich Venedig und versuchte, die Rache des Österreichers fürchtend, sich als fahrender Sänger verkleidet auf dem Landweg zu seinem Schwager Heinrich von Sachsen durchzuschlagen. Im Dezember 1192 wurde er in der Gegend von Wien erkannt und in Dürnstein festgesetzt.

Daß er hier lange im Verborgenen saß, bis ihn sein Sänger Blondel, von Burg zu Burg ziehend, entdeckte, ist wohl nur eine romantische, in Dürnstein besonders gepflegte Sage. Denn im Reich war seine Gefangennahme kein geheimer Racheakt, sondern ein Politikum ersten Ranges. Richard wurde nicht nur die Beleidigung Österreichs vorgeworfen, sondern Verrat am Kreuzzug und Königreich Jerusalem. Leopold zog im Februar 1193, den gefangenen König im Gefolge, zum Reichstag nach Regensburg, um mit Kaiser Heinrich VI. über ein Lösegeld zu verhandeln. Im März hielt der Kaiser Gericht über Richard in Speyer. Trotz Freispruchs von dem Vorwurf des Verrats wird das Lösegeld sogar noch erhöht. Der König von Frankreich, mit Richards Gegnern in England verbündet, versucht, die Freilassung des inzwischen auf Burg Trifels Inhaftierten zu verhindern.Doch England zahlt schließlich 100 000 Kölner Mark in Silber, etwa 23 000 Kilogramm.

Aufgeteilt: das Lösegeld für Richard Löwenherz

Auch die Aufteilung des Lösegelds hatte reichspolitische Folgen. Während Leopold V. seinen Anteil dazu benutzte, um die Befestigungen von Wien, Wiener Neustadt, Hainburg und Enns auszubauen, finanzierte Kaiser Heinrich VI. mit seiner Beute die Eroberung Siziliens und schuf so

die Voraussetzungen für das sizilische Stauferreich Friedrichs II.
Nur wenigen Besuchern Dürnsteins, die nach etwas beschwerlichem Aufstieg zur Burgruine hoch über der Stadt Stille und Ausblick genießen, mag die europäische Bedeutung von König Richards Haft auf dieser Burg bewußt sein. Von der Burg ziehen sich in weitem Bogen die hauptsächlich im 15. Jahrhundert erbauten Stadtmauern hinunter bis zur Donau. Sie umschließen im oberen Teil Weinberge, an deren Fuß sich die Stadt zusammendrängt.

Kirchliche Bauten an Dürnsteins Donaufront

Nahezu die gesamte Donaufront Dürnsteins wird von den kirchlichen Bauten geprägt. Das 1289 gegründete Klarissinnenkloster wurde bereits 1571 aufgehoben. Die frühgotische Hallenkirche ist Ruine, im Chor wurde ein Museum eingerichtet. Das Dach der Kirche wurde zu Anfang des 18. Jahrhunderts abgetragen, weil es nach Ansicht des Bauherrn des 1733 barock umgebauten Augustiner-Chorherrenstiftes die Wirkung der neuen Stiftskirche beeinträchtigte.
Die Baumeister, zu denen vielleicht auch Jakob Prandtauer gehört hat, haben es tatsächlich verstanden, seit der Gründung des Stiftes im 15. Jahrhundert den beengten Bauplatz durch unkonventionelle Lösungen so zu nutzen, daß in landschaftsbeherrschender Lage ein Kleinod österreichischer Barockbaukunst entstand. Vom Vorplatz gelangt man ohne Umschweife in den zentralen Stiftshof, der ganz von einem architektonischen Höhepunkt beherrscht wird: dem triumphalen, hochaufragenden Tor zur Stiftskirche. Sein Figuren-Programm korrespondiert mit der reichen Fassadengestaltung des Turmes.

Schönes Gesamtkunstwerk: die lichte Stiftskirche

Der Kirchenraum enthält sich jeder theatralischen Monumentalität und besticht durch eine lichte Weite, in der eine lebhaft bewegte Architektur mit zartem Stuck und der Marmorierung des Chores kontrastiert. Die im wesentlichen zeitgleich entstandene Einrichtung von hohem Rang fügt sich harmonisch in das Gesamtkunstwerk ein.
Die Geschichte der Stadt Krems ist eigentlich die Geschichte zweier Städte. **Stein,** das man beim Verlassen der Wachau zuerst erreicht, ist der ältere Ort. Hier soll schon im 5. Jahrhundert eine Königsburg gestanden haben, wahrscheinlich dort, wo heute die Frauenbergkirche aus dem 14. Jahrhundert steht. Zunächst in Reichsbesitz, wurde Stein im 12. Jahrhundert wichtige Mautstation der Babenberger. Daß diese Einnahmen auch noch unter den Habsburgern von großer Bedeutung waren, belegt das stattliche kaiserliche Mauthaus, ein Renaissancebau von 1579. In Stein wurden Salz, Getreide, Eisen und vor allem Wein verschifft. Aus diesem Handel hat sich das Stadtbild entwickelt: Von der Hauptachse der Steiner Landstraße öffnen sich immer wieder Plätze zur Donaulände. Charakteristisch sind, wie auch in Krems, die zahlreichen Lesehöfe der Klöster, die im Gebiet von Stein und Krems Weinberge besaßen, beispielsweise der kleine und

Im zu Krems gehörenden Stein steht dieses ehemalige kaiserliche Mauthaus, ein stattlicher Renaissancebau, der auch zeigt, das man seinerzeit beim Bauen nicht zu geizen brauchte.

Am Hohen Markt zu Krems liegt dieses imposante Gebäude, die Gozzoburg, die sich der Patrizier Gozzo – er war zugleich Vorsteher der Bürgerschaft – Ende des 13. Jahrhunderts bauen ließ.

große Passauer Hof und vor allem der Göttweiger Hof, dessen frühgotische Kapelle bedeutende Fresken des frühen 14. Jahrhunderts zieren.
Stein erhielt 1463 das kaiserliche Privileg für den Donaubrückenbau. Dies bedeutete einen wichtigen Standortvorteil gegenüber der Nachbarstadt Krems, mit der die Steiner immer in Konkurrenz lagen. Trotzdem bildeten Stein und Krems seit 1250 eine Bürgergemeinde, an deren Spitze ab 1416 ein gemeinsamer Bürgermeister stand.
Krems ist zwar der jüngere der beiden Orte, wurde aber bereits 995 in einer Kaiserurkunde als Stadt erwähnt. Noch um die Mitte des 12. Jahrhunderts war das Handelszentrum Krems bedeutender als Wien. Der wirtschaftliche Schwerpunkt von Krems lag im Weinhandel, der vor allem ab dem 16. Jahrhundert die Stadt erblühen ließ.

Reichtum der Kremser Bürger mißfiel dem Kaiser

Wie gut es den Bürgern von Krems und Stein damals ging, zeigt ein historischer Bericht von 1627, nach dem Kaiser Ferdinand II. ihren aufwendigen Lebensstil mit großem Mißfallen zur Kenntnis genommen habe, vor allem die Tatsache, daß sie selbst an Werktagen so kostbar gekleidet gingen, »als wenn sie alle Stund auf Hochzeit gehen wollten«.
Unter italienischem Einfluß entstanden in dieser Zeit aufwendige Bürgerhäuser mit schönen Laubenhöfen, die in großer Dichte bis heute das Bild der Altstadt prägen, vor allem in der Unteren Landstraße, dem Bereich der ersten systematischen Stadterweiterung im 12. Jahrhundert. Mittelpunkt der mittelalterlichen Stadt war der Hohe Markt. Hier liegt die Gozzoburg, 1260/70 von dem Patrizier Gozzo errichtet, der wiederholt Stadtrichter und damit Vorsteher der Bürgerschaft war und das Amt des Landesfürstlichen Kammergrafen bekleidete. Die malerische Baugruppe gehört zu den bedeutendsten mittelalterlichen Profanbauten Österreichs.

Eine Burgruine krönt Dürnstein und erinnert an ein Kapitelchen Weltgeschichte, das hier spielte: Auf der Burg saß 1192/93 der englische König Richard Löwenherz gefangen.

Zwei Museen im ehemaligen Dominikanerkloster

Aus der gleichen Zeit stammt der Bau des ehemaligen Dominikanerklosters, in dem sich heute das Historische Museum und das Weinbaumuseum der Stadt Krems befinden. Die ehemalige Klosterkirche gehört ebenso wie die Minoritenkirche in Stein zu den frühen gewölbten Bettelordenskirchen. Unter den erhaltenen gotischen Wandmalereien in der Kirche befindet sich ein von Stadtrichter Gozzo gestiftetes Fresko, das zu den Hauptwerken des »Zackenstils« in Österreich gehört. Der Kreuzgang wurde teilweise aus bei der Klosterrestaurierung 1970/71 aufgefundenen Resten rekonstruiert, ein bemerkenswertes Beispiel des Übergangsstils von der Romanik zur Gotik im 13. Jahrhundert.
Zwei Hauptkirchen prägen das Stadtbild von Krems. Die Piaristenkirche Unsere liebe Frau ist eine gotische dreischiffige Hallenkirche mit im Kern romanischem Turm. Sie war die erste Pfarre von Krems, die jedoch an Bedeutung verlor, als mit der Anlage der unteren Stadt die Pfarrkirche hl.

In Traismauer erinnert das Wiener Tor, auch Römertor genannt, mit einem Wandbild und zwei Strophen des Nibelungenliedes an Krimhilds sagenhaften Besuch auf der Burg.

Veit errichtet wurde. Zwischen 1613 und 1630 wich hier die mittelalterliche Kirche einem frühbarocken Neubau von massiger Wucht, der aber im Inneren durch seine lichte Weite überrascht.

Im 18. Jahrhundert wurde die Ausstattung spätbarock verändert. Aus dieser Zeit stammen die Deckenmalereien und das Bild des Hochaltars von Johann Georg Schmidt aus Krems, dem bedeutendsten Künstler der Stadt, der auch alle Altarbilder der Piaristenkirche geschaffen hat. Seine Werke finden sich in zahlreichen Barockkirchen Ober- und Niederösterreichs, zum Beispiel in der Stiftskirche von Dürnstein.

Mautern, der südliche Brückenkopf des Donauübergangs bei Stein, hieß in römischer Zeit Favianis und war vom Ende des 1. Jahrhunderts n. Chr. bis zum Abzug der Römer ein wichtiger Militärstützpunkt. Nach der Lebensbeschreibung des hl. Severin hielt sich hier innerhalb der römischen Mauern im 5. Jahrhundert eine frühe christliche Gemeinde auf. Reste der Römermauer sind bis heute zu sehen. Im Schloß aus dem 16. Jahrhundert saß ein bischöflicher Pfleger, denn Mautern gehörte vom 10. Jahrhundert an zum Bistum Passau. Die Pfarrkirche hl. Stephan ist eine hochragende gotische Staffelkirche, deren mittelalterliche Proportionen unter der barocken Veränderung und Ausstattung gut erkennbar geblieben sind.

Göttweig, die Klosterburg auf dem Berg

»Österreichs Monte Cassino« ist das **Benediktinerstift Göttweig** wegen der prominenten Lage auf einem Bergkegel südlich von Krems genannt worden. Die 1075/80 von Passau aus gegründete Klosterburg hat ursprünglich durchaus die Aufgabe gehabt, der umliegenden Bevölkerung in kriegerischen Zeiten Schutz zu bieten. Von den frühen Klosterbauten, die in der ersten Hälfte des 17. Jahrhunderts von bedeutenden Künstlern erneuert und erweitert wurden, haben sich nur wenige Reste erhalten.

An die Ausstrahlung des Stiftes als Zentrum des Glaubens, aber auch der Kunst und der Wissenschaften im Mittelalter konnte Göttweig noch einmal in der Regierungszeit des Abtes Gottfried von Bessel zwischen 1714 und 1749 anknüpfen. Er war, wie sein Zeitgenosse Berthold Dietmayr in Melk, eine der großen Persönlichkeiten des Barockzeitalters in Österreich, Gelehrter – er wurde Rektor der Wiener Universität –, Diplomat im Dienste Kaiser Karls VI., Kunstfreund und Bauherr aus Leidenschaft. Dazu gab ihm ein Brand Gelegenheit, der 1718 weite Teile des Klosters vernichtete.

Barocker Neubau wurde nie vollendet

Johann Lukas von Hildebrandt lieferte ein Jahr später die Pläne für einen großartigen Neubau, der freilich nie vollendet wurde. Nach Bessels Tod wurde noch bis 1765 nach den ursprünglichen Plänen weitergebaut, bis der Schwung endgültig erlahmte.

Seine schloßartige Fernwirkung verdankt das Stift vor allem dem vollendeten Nord- und Osttrakt sowie den westlichen Bastionen. Erst wenn man den geräumigen Hof vor der Westfassade der Stiftskirche betritt, erkennt man, daß die Anlage ein Torso geblieben ist. Der westliche Torbau mit dem hohen Mittelportal konnte seine Aufgabe als Hauptzugang nie wahrnehmen. Das heute im Süden als Torhaus dienende Alte Schloß stammt noch aus der Zeit der gotischen Klosterburg. Erhalten blieb auch die Erentrudis- oder Sebastianskapelle aus dem 13. Jahrhundert. Zu den schönsten barocken Treppenhäusern in Österreich gehört die 1738 fertiggestellte Kaiserstiege mit dem grandiosen Deckenfresko von Paul Troger: In einem Sonnenwagen wird Kaiser Karl VI. verherrlicht.

Die Westfront der Stiftskirche wurde 1750/65 zwar noch nach Plänen Hildebrandts, aber in vereinfachter Form ausgeführt. Dahinter öffnet sich der Innenraum der frühbarocken Kirche von 1635/42, die mit einem erhöhten gotischen Chor abschließt. Hier wird die lange Bautradition von Göttweig aufs schönste erlebbar.

Im 18. Jahrhundert neu errichtet: Herzogenburg

Das **Augustiner-Chorherrenstift Herzogenburg** ist fast gleichzeitig mit dem nur weniger Kilometer entfernten Stift Göttweig entstanden. Der Name des Ortes gibt einen Hinweis auf eine früh befestigte, wohl schon im 9. Jahrhundert von karolingischen Vasallen angelegte Siedlung. Probst Wilhelm von Schmerling ließ nach weitgehendem Abbruch des mittelalterlichen Klosters 1714 den Grundstein zum Neubau nach den Plänen von Ja-

Unbestritten der schönste romanische Karner Österreichs ist der in Tulln an der Pfarrkirche St. Stephan; besonders bemerkenswert ist das im normannischen Stil verzierte Portal.

kob Prandtauer legen. Doch auch hier zogen sich die Arbeiten fast über das ganze 18. Jahrhundert hin. Während die Kirche 1785 geweiht werden konnte, gelangte Prandtauers Konzept zweier nördlich der Kirche angelegter quadratischer Vierflügelanlagen nicht zur Vollendung.
Dem östlichen Stiftshof gab der Hofarchitekt Johann Bernhard Fischer von Erlach mit dem Festsaalbau im Ostflügel einen eigenen Akzent. Im Inneren ist der über zwei Stockwerke reichende Saal von dekorativer Architekturmalerei und einem Deckenfresko Bartolomeo Altomontes geprägt. Altomonte schuf auch das Deckenfresko des Stiegenhauses, in dem die Übersiedlung der Chorherren von St. Georgen nach Herzogenburg dargestellt wird. Weitere Sehenswürdigkeiten des Stiftsbaues die Bibliothek und wertvolle Kunstsammlungen.
Die Westfront der Stiftskirche wird noch von dem massigen Turm der Vorgängerkirche mit spätgotischem, reichprofiliertem Hauptportal geprägt. Vermutlich Fischer von Erlach hat dem Turm eine eigenwillige Bekrönung in Gestalt eines Herzogshutes auf einem Kissen gegeben, die das Wahrzeichen von Herzogenburg ist. Das Innere der Kirche wird stark von malerischen Akzenten bestimmt, die in den Deckenfresken Altomontes ihren Höhepunkt finden.

Traismauers Torturm mit Nibelungenlied

Der Rückweg von Herzogenburg zur Donau berührt **Traismauer,** das im Nibelungenlied Erwähnung findet. Nach der Dichtung besaß der Hunnenkönig hier eine mächtige Burg, auf der Kriemhild Unterkunft fand und sich auf die Begegnung mit König Etzel vorbereitete.
Das heutige Schloß von Traismauer ist dagegen eher bescheiden. Es geht auf eine Burg der Salzburger Erzbischöfe zurück, die vom 13. Jahrhundert bis 1803 hier Marktherren waren. Eine Steintafel über dem Tor gibt darüber Auskunft, daß die Römer bereits während der Regierungszeit Kaiser Hadrians im 2. Jahrhundert n. Chr. in Traismauer ein Kastell besaßen. Die Stadtbefestigung des 14. Jahrhunderts ruhte auf den Fundamenten der römischen Kastellmauer. Erhalten blieb davon das Wiener Tor, das auch Römertor genannt wird. Auf seiner

Die gewaltige Anlage auf einem Berg läßt nicht vermuten, daß das Benediktinerstift Göttweig im 18. Jahrhundert nicht fertiggstellt wurde. Dennoch gibt es herrliche Barockpracht zu bewundern.

Viele dieser Bildtafeln (hier Jonas halb im Wal) von 1181 bilden den herrlichen Verduner Altar in Klosterneuburg. Die Email- und Goldschmiedearbeit schuf Niklas von Verdun – daher der Altarname.

Innenseite erinnern ein Wandbild und zwei Strophen des Nibelungenliedes an Kriemhilds sagenhaften Besuch in Traismauer.

Die Begegnung Kriemhilds mit König Etzel fand auf freiem Feld vor der Stadt **Tulln** statt. Auch diese ist über den Mauern eines römischen Kastells entstanden. In der Nord-Ost-Ecke entwickelte sich nach Abzug der Rö-

mer die Keimzelle der mittelalterlichen Stadt, in deren Mittelpunkt eine Königsburg stand.

Bedeutendstes Bauwerk der Stadt ist die Pfarrkirche St. Stephan mit dem dazugehörigen Karner. Die Kirche geht auf eine dreischiffige romanische Pfeilerbasilika des 12. Jahrhunderts zurück, die von 1486 bis 1513 gotisiert und gewölbt wurde. Reste der romanischen Gliederung blieben an den Wänden des Langhauses erhalten. Romanisch sind auch noch das Nord- und das Westportal.

Der Karner, ein spätromanischer Bau aus dem 13. Jahrhundert, gehört zu den schönsten Österreichs. Vor allem das mit reichen Ornamenten im normannischen Stil verzierte Portal ist ein Meisterwerk romanischer Steinmetzkunst. Der Legende nach müßte der Karner schon hundert Jahre vor seiner Entstehungszeit gestanden haben, denn in ihm sollen die 1162 von Kaiser Friedrich I. Barbarossa in Mailand erbeuteten Reliquien der Heiligen Drei Könige auf dem Weg nach Köln längere Zeit aufbewahrt worden sein. Deshalb wird der Karner auch Dreikönigskapelle genannt.

Klosterneuburg rückt ins Zentrum der österreichischen Geschichte, als 1106 der Babenberger Markgraf Leopold III. seine Residenz von Melk hierher verlegt. 1133 wurde das zunächst weltliche Kollegiatstift in ein Augustiner-Chorherrenstift umgewandelt. Der reiche Besitz machte es zu einer wirtschaftlichen Größe, die auch zur Zeit der Habsburger Rang und Einfluß sicherte und das Stift zu einem Zentrum der Wissenschaften und Künste machte.

Klosterneuburg: Grab Leopolds III. als Heiligtum

Einen großen Aufschwung brachte die Heiligsprechung Leopolds III. 1485. Sein Grab im ehemaligen Kapitelsaal des Klosters wurde zum Heiligtum für ganz Österreich. Nach dem Niedergang in der Reformationszeit brachte das 17. Jahrhundert einen Neubeginn, der auch zu Baumaßnahmen an Kirche und Prälaturgebäude im Stil des italienischen Frühbarock führte. Kaiser Karl VI. erneuerte in der ersten Hälfte des 18. Jahrhunderts die Idee einer Verbindung von Kloster und Pfalz nach dem Vorbild der Klosterresidenz des Escorial bei Madrid. Doch der Tod des Kaisers unterbrach 1740 die Arbeiten, und die hohen Kosten der Erbfolgekriege Maria Theresias brachten den Bau zum Erliegen. Erst von 1836 bis 1842 wurden wenigstens zwei Flügel in vereinfachter Form zu dem vorhandenen Stiftshof zusammengeschlossen.

Barocke Stiftskirche in mittelalterlichen Formen

So ist Klosterneuburg ein Torso geblieben, faszinierend dennoch in seiner bis heute ablesbaren jahrhundertealten Bautradition. Diese wird besonders schön in der Stiftskirche Unsere Liebe Frau erkennbar. Unter ihrer barocken Erscheinung steckt noch immer die dreischiffige Basilika, die 1136 geweiht worden war. Sie bestimmt die hohe, schlanke Form des Hauptschiffes, während die Seitenschiffe zu Kapellen umgestaltet wurden. So entstand ein geschlossener frühbarocker Raum, in dem üppige Stukkaturen die strengen mittelalterlichen Formen überspielen, ohne die Erhabenheit der ursprünglichen Basilika verdrängen zu können.

Durch das nördliche Querschiff gelangt man in den ehemaligen Kapitelsaal, der 1680 als Leopoldskapelle mit dem Grabmal des Stiftsgründers um-

Herausragende Kunstwerke birgt Klosterneuburg, das als Residenz der Babenberger begann und – wie die anderen Stifte – zur Barockzeit teilweise gründlich umgemodelt wurde.

Geradezu überwältigend ist die Farbharmonie in der barocken Stiftkirche von Herzogenburg – hier ein Blick zur Orgel. Baumeister war wieder Jakob Prandtauer.

gestaltet wurde. Hier befindet sich der größte Schatz des Stiftes, der Verduner Altar, benannt nach dem Meister der Email- und Goldschmiedekunst Niklas von Verdun. Er schuf 1181 auf Emailtafeln eine Bildergeschichte der Bibel, die wahrscheinlich ursprünglich die Kanzel der romanischen Stiftskirche zierte und 1331 zu dem bestehenden Flügelaltar umgearbeitet wurde. Die Tafeln sind stil- und kunstgeschichtlich von höchster Bedeutung und zählen zu den großen Werken der europäischen Kunst.

Deckenfresko preist den Ruhm der Habsburger

Da der nach der Planung über zwei Höfe sich erstreckende Ostflügel nur zur Hälfte fertiggestellt wurde, kann der großartige Kuppelsaal, der mit einer Kaiserkrone als Reichssymbol abschließt, nicht die ihm zugedachte zentrale Wirkung entfalten. Dennoch bleibt er Mittel- und Höhepunkt der barocken Stiftsanlage. Über die Kaiserstiege gelangt man zum Marmorsaal, dessen Deckenfresko den Ruhm des Hauses Österreich preist, und in die prachtvollen Kaiserzimmer.
Das Stift Klosterneuburg kennzeichnet in seinem unvollendeten Zustand die Entwicklung des Kaisertums in Österreich um die Mitte des 18. Jahrhunderts. Es ist kein Zufall, daß von den großen Stiften entlang der Donau nur St. Florian und Melk vollendet wurden. Deren Bauarbeiten waren bereits 1747 und 1751 zum Abschluß gekommen. Nach der Jahrhundertmitte änderten sich nicht nur die politischen und wirtschaftlichen Verhältnisse. Ein neuer Zeitgeist zog herauf, der von der Aufklärung bestimmt wurde und auch den Absolutismus veränderte. Galt für Kaiser Karl VI. noch das Ziel, Reich und Kirche zu einer Einheit zu verschmelzen, so begannen mit seinem Enkel Joseph II., der von Maria Theresia 1765 zum Mitregenten eingesetzt wurde und 1780 die Alleinherrschaft antrat, Reformen, die zu einer Entfremdung vom Staat und Kirche führten und die Klöster nachhaltig schwächten.

Kaiserin Maria Theresia ließ sich Schloß Schönbrunn nach ihren Vorstellungen 1744 ausbauen; es hat 1441 Räume! – Rechts: In der Straße Graben steht die 21 Meter hohe barocke Pestsäule.

Mit dem Aufstieg der Habsburger ist auch Wien groß geworden. Das Zentrum des Reiches wurde ständig repräsentativer. Die kaiserliche Stadt ist heute noch vielerorts zu spüren, vor allem in der Hofburg, am Ring oder in Schönbrunn.

Wien ist mehr als nur die Hauptstadt des heutigen Österreich, das nicht größer ist als das Habsburgerreich im späten Mittelalter. Wien war über viele Jahrhunderte mehr als nur der zentrale Schauplatz der österreichischen Geschichte. Der Aufstieg der Stadt ist vielmehr eng mit ihrer europäischen Rolle verknüpft, die ihr jetzt, im Zeichen der Umwälzungen in Ost- und Südosteuropa, erneut zuwachsen könnte.

Wien verdankt seine Entwicklung zwei Hauptfaktoren, die von jeher europäische Dimensionen besaßen: Der eine ist die geografische Lage am Schnittpunkt wichtiger Nord-Süd-Handelsverbindungen mit dem großen, völkerverbindenden Strom der Donau. Der zweite Faktor ist die enge Verbindung seiner Geschichte mit der zweier Herrscherhäuser, die sich einerseits der Aufgabe einer Mittlerrolle zwischen Ost und West stellten und andererseits dynastische und politische Verflechtungen mit ganz Europa eingingen.

Wien lag und liegt bis heute am Schnittpunkt von Völkern, Mächten und Kulturen, die sich in der Stadt, seinen Menschen, seiner Kunst und seinen Bauten vermischt haben. Wenn in der Alten Welt das Wort vom »Schmelztiegel« überhaupt anwendbar ist, dann auf Wien, die vielleicht kosmopolitischste aller Metropolen Europas.

WIEN: EIN SCHMELZTIEGEL VON WEST UND OST

Vom Altan der Kirche Am Hof ließ Kaiser Franz II. 1804 die Annahme der österreichischen Kaiserwürde und 1806 das Ende des Heiligen Römischen Reiches Deutscher Nation verkünden.

Die Geschichte der Stadt reicht bis in die römische Kaiserzeit zurück. Die Legionsfestung mit dem keltischen Namen Vindobona ist bis heute im Stadtgrundriß ablesbar geblieben und auch, weil sie über die Römerzeit hinaus bis in das frühe Mittelalter Bestand hatte, namengebend gewesen. Die Bezeichnung »Graben« für die beliebte Einkaufszeile im Zentrum der Altstadt erinnert daran, daß sich unmittelbar vor der südwestlichen Festungsmauer Wall und Graben befan-

den. Auch wenn es vom Abzug der Römer im 5. Jahrhundert bis in das 11. Jahrhundert kaum Nachrichten gibt, kann man für diese Zeit eine weiterbestehende Siedlung in den römischen Mauern annehmen. Wenn in der »Kaiserchronik« von einem Wiener Hoftag Kaiser Heinrichs III. im Jahre 1042 berichtet wird, muß der Ort um diese Zeit Bedeutung besessen haben. Zweifellos hat er im Awarenfeldzug Kaiser Karls des Großen am Ende des 8. Jahrhunderts eine Rolle gespielt. Karl der Große gilt als der Gründer der Peterskirche, von deren frühmittelalterlichem Bau nichts mehr vorhanden ist, nachdem an seiner Stelle 1703/08 eine völlig neue Barockkirche von Gabriele Montani und Johann Lukas von Hildebrandt errichtet wurde, die zu den bedeutendsten des Wiener Barock gehört.

Die wirklich noch stehende älteste Kirche Wiens ist dagegen St. Ruprecht am Ruprechtsplatz. Da in diesem Platzbereich, in der Nordostecke des römischen Kastells – ganz ähnlich wie übrigens in Regensburg –, die Burg der von den Karolingern beauftragten Stadtherren zu suchen ist, könnten die Fundamente von St. Ruprecht zur ersten Pfalzkirche gehört haben. Der heutige Bau verweist allerdings in das 12. bis 14. Jahrhundert.

Schon bei den Babenbergern war Wien Residenzstadt

Wiens Geschichte als Herrscherstadt beginnt mit der Verlegung der Residenz der Babenberger in ihre Mauern um 1150 unter Heinrich II. Jasomirgott, dem ersten Herzog Österreichs. Auch die erste Babenbergerresidenz ist noch im Stadtbild und an einem Platznamen erkennbar: Am Hof. Die hier gelegene Kirche zu den neun Engelschören geht auf eine romanische Hofkapelle zurück. An deren Stelle wurde um 1400 eine Karmeliterkirche errichtet. Daß diese heute noch steht, ist angesichts der wunderbaren frühbarocken Fassade, die 1662 von italienischen Architekten nach römischen Vorbildern erbaut wurde, nicht zu vermuten. Tatsächlich verbirgt sich dahinter noch der (1610 barockisierte) dreischiffige Kirchenraum mit langgestrecktem Chor. Der Altan an der Fassade wurde zu offiziellen Zwecken genutzt. Von ihr ließ Kaiser Franz II. 1804 die Annahme der österreichischen Kaiserwürde und 1806 die Niederlegung der Krone des Heiligen Römischen Reiches Deutscher Nation verkünden.

Unter Heinrich II. Jasomirgott griff die Stadt bereits über ihre noch auf die Römer zurückgehenden Mauern hinaus. Nach Osten entstand eine Handelsvorstadt, und westlich, unmittelbar vor den Toren seiner Residenz, ließ Heinrich von schottischen Mönchen aus Regensburg ein Kloster gründen und seine Grabkirche bauen, die heutige Schottenkirche Unserer Lieben Frau an der Freyung. Im Kern ist diese romanische Kirche des 12. Jahrhunderts bis heute erhalten, auch wenn sie im 14. Jahrhundert gotisch erneuert wurde und dann in der »italienischen« frühbarocken Epoche Wiens im 17. Jahrhundert noch einmal umgebaut wurde.

Mit dem Lösegeld, das Herzog Leopold V. aus der Gefangennahme von König Richard Löwenherz von England 1193 erzielt hatte, ließ er die gewachsene Stadt von einer neuen Mauer umgeben: ein weitsichtiges Unternehmen, das lange Bestand hatte und noch im 18. Jahrhundert den Verlauf der Festungsanlagen bestimmte.

Rund 600 Jahre hatten die Habsburger die Macht

1246 endet mit Herzog Friedrichs II. Tod auf dem Schlachtfeld gegen die Ungarn die Herrschaft der Babenberger in Wien. Aus den Wirren des Interregnums und den Auseinandersetzungen zwischen dem böhmischen König Ottokar II. und Rudolf von Habsburg geht 1278 der Habsburger als Sieger hervor. Mehr als 600 Jahre werden die Habsburger die Geschichte Wiens bestimmen. Mit nur kurzen Unterbrechungen sind sie Stadtherren, neben denen sich bis zum Untergang der Donaumonarchie 1918 eine Selbstbestimmung der Bürger nur in Grenzen entwickeln kann.

Man sieht es dem Stephansdom nicht an, daß 1945 große Teile ausbrannten; bereits 1952 waren die wesentlichen Wiederaufbauarbeiten abgeschlossen; Schätze zeigt das Dom- und Diözesanmuseum.

Wiens Wahrzeichen ist der gotische Stephansdom. Der Südturm ist mit 136 Metern der dritthöchste Kirchturm der Welt – den Aufstieg lohnt der Blick über die ganze Stadt.

Weltweite Tourneen haben sie bekannt gemacht, die Wiener Sängerknaben. Und immer gut besucht sind Messen mit dem berühmten Chor in der Kapelle der Hofburg.

Die Monarchie bestimmt auch die bauliche Entwicklung der Stadt. Diese Kontinuität von den Babenbergern bis in die Gegenwart ist vor allem an den beiden zentralen Bauwerken Wiens ablesbar geblieben: dem Dom St. Stephan und der Hofburg.

Start im 13. Jahrhundert: Bau des Stephansdomes

Der Bau des Stephansdomes ist Ausdruck der Bemühungen der Wiener Herrscher, sich vom Bistum Passau zu lösen und selbst den Mittelpunkt eines Bistums zu bilden, was erst 1469 unter Kaiser Friedrich III. gelang. Der Babenbergerherzog Friedrich II. hatte um die Mitte des 13. Jahrhunderts an der Stelle einer Pfarrkirche des Bistums Passau den ersten romanischen Dom errichtet, von dem die Westfassade mit den beiden »Heidentürmen«, dem »Riesenportal« und der anschließenden Westempore erhalten geblieben ist. Das Portal wird in eine flächige Vorhalle eingebunden, deren Nischen mittelalterliche Herrschaftssymbole bevölkern.

In ihrer gedrungenen Geschlossenheit kontrastiert die Westfassade stark mit dem gotischen Dom, dessen Bau 1304 an entgegengesetzter Stelle mit dem »Albertinischen Chor« begonnen wurde. Mit ihm hält die Gotik als Baustil in Wien Einzug, der auch den weiteren Fortgang der Bauarbeiten am Dom bestimmt. Flankiert von romanischer Westfront und frühgotischem Chor, gerät die Südfront des Domes zur eigentlichen, auch außen aufwendig gestalteten Schauseite.

An dieser ungewöhnlichen Stelle erhebt sich auch der gewaltige Hauptturm, das Wahrzeichen Wiens. Seine Ausmaße sind nicht zuletzt Ausdruck des Anerkennungsbestrebens der Bürgerschaft, die mit dem Ende des 14. Jahrhunderts den Dombau vorantrieb. Zu Recht wird Friedrich III., zu dessen Zeit der Dom im wesentlichen vollendet wurde, in St. Stephan besonders verehrt, denn er war es, der die Kirche schließlich zum Bischofssitz machte. Sein Hochgrab aus rotem Marmor, nach einem Gesamtentwurf von Niclas Gerhaert van Leyden von mehreren Künstlern gestaltet, im rechten Seitenschiff des Chores gehört zu den herausragenden Kunstwerken des Domes. Kurz vor seinem Tod hat Friedrich III. 1493 noch selbst die Aufstellung seines Grabmales im Dom bestimmt.

In der verhältnismäßig kurzen Zeit von 150 Jahren erbaut, fasziniert der Dom trotz romanischer und frühgotischer Bauelemente durch seine gestalterische Geschlossenheit, die ihn zum bedeutendsten Monumentalwerk der Gotik in Österreich macht.

Zentrum feudalistischer Stadtherrschaft: die Hofburg

Mit dem zweiten symbolträchtigen Hauptbauwerk Wiens hatten die Stadtbürger allerdings weniger im Sinn. Die Hofburg ist nicht nur jahrhundertelang Mittelpunkt einer europaweiten Reichspolitik gewesen, sondern immer auch Zentrum feudalistischer Stadtherrschaft, gegen die die Bürgerschaft immer wieder vergeblich rebelliert hat: 1287 wurden Herzog Albrecht I. und 1462 Kaiser Friedrich III. in der Hofburg von den Wienern regelrecht belagert, und noch die Revolution von 1848 war in Wien auch von dem Ziel bestimmt, endlich die Freiheiten städtischer Selbstregierung zu erreichen.

Wahrscheinlich hat Leopold I. um 1220 den Grundstein zu einer neuen Residenz im Bereich der Hofburg gelegt. Eine regelrechte Burg errichtete dann der böhmische König Ottokar II., der sich von vielen Gegnern umgeben sah. Er mißtraute dem Bürgertum ebenso wie dem Adel und mußte kriegerischer Auseinandersetzungen mit den Habsburgern fürchten. Im Kern des Schweizertraktes ist Ottokars Burg erhalten geblieben, auch wenn die sichtbaren Fassaden durch Veränderungen der Renaissan-

Für ausländische Besucher ist die Spanische Hofreitschule sicher der bekannteste Teil der Hofburg. In der barocken Winterreitschule finden die beliebten Vorführungen in historischen Kostümen statt.

Am Karlsplatz steht die barocke Karlskirche mit ihrer 72 Meter hohen Kuppel und zwei Triumphsäulen. Sie ist das hochbedeutende Werk von Vater und Sohn Fischer von Erlach.

cezeit, vor allem die Einfügung des prächtigen Schweizertors 1552/53 ihre ursprüngliche Wehrhaftigkeit verloren haben.
Um diese Zeit verlegte Kaiser Ferdinand I. Residenz und Hofämter nach Wien. Er baute westlich der alten Burg 1558/65 die Stallburg als Residenz für Erzherzog Maximilian: der bedeutendste Renaissancebau Wiens mit schönem, dreigeschossigem Arkadenhof, in dem heute die Stallungen der Hofreitschule und die Neue Galerie untergebracht sind. Der Schweizertrakt selbst hat bis heute die Funktion bewahrt, die ihm schon Ferdinand I. zugedacht hatte, nämlich Schatzkammer zu sein, in der heute neben vielen Kostbarkeiten die Reichsinsignien mit der Kaiserkrone zu sehen sind.

Amalienburg: herrschaftliche Appartements

In der zweiten Hälfte des 16. Jahrhunderts wurde die alte Hofburg für die wachsenden Bedürfnisse des Hofes zu eng. Kaiser Rudolf II. ließ deshalb in einiger Entfernung einen weiteren Vierflügelbau errichten, den er aber nicht selbst bezog, weil er seine Residenz nach Prag verlegte: die Amalienburg. Hier befinden sich heute das Elisabeth-Appartement, in der die Gemahlin Kaiser Franz Josephs I. gewohnt hat, und das Alexander-Appartement, in dem während des Wiener Kongresses 1815 Zar Alexander von Rußland seinen Sitz hatte.
Mit der Rückkehr des Hofes aus Prag 1612 unter dem Nachfolger Kaiser Rudolfs II., Matthias, wurde Wien endgültig Residenz der Habsburger

Was wäre Wiens Renommee ohne die Kaffeehäuser? Das »Café Central« befindet sich, zusammen mit der einzigen überdachten Einkaufsstraße der Innenstadt, im Palais Ferstel.

Im Schloßpark von Schönbrunn sollte man, vom Neptunbrunnen aus, den Weg zur Gloriette nicht scheuen: Von hier hat man einen einmaligen Panoramablick auf Schloß, Park und die Stadt.

und Kaiserstadt. Die Ära Kaiser Leopolds I. war die Zeit der größten Bedrohung und Herausforderung Wiens in seiner Geschichte: 1683 belagerte ein 200 000 Mann starkes türkisches Heer die nur von 15 000 Soldaten verteidigte Stadt. Der Sieg eines Entsatzheeres unter der Führung des legendären Prinzen Eugen war vollkommen, die Beute groß. In den folgenden Jahren wurde die türkische Besetzung weit auf den Balkan zurückgeworfen, Österreich endgültig europäische Großmacht.

Eine großzügige und weitläufige Residenz

Ein neues, barockes Lebensgefühl fand seinen Höhepunkt in der Regierungszeit Kaiser Karls VI. Was Leopold I. mit dem 1660/68 errichteten Leopoldinischen Trakt, in dem sich heute die Appartements Maria Theresias und Josephs II. befinden, begonnen hatte, wurde vollendet: die Zusammenführung der ursprünglich getrennten Schloßbauten zu einer großzügigen und weitläufigen Residenz. Nach den Plänen Johann Bernhard Fischer von Erlachs, seines Sohnes Joseph Emanuel und Johann Lukas von Hildebrandts entstanden der Reichskanzleitrakt – hier sind heute die Räume des Appartements Kaiser Franz Josephs I. –, die Winterreitschule und die Hofbibliothek.

Die glanzvolle Zeit der Habsburger unter Leopold I., Joseph I. und Karl VI. führte zu einer Blüte der profanen Barockbaukunst in Wien. Adelspalais entstanden in großer Zahl im Stadtkern, etwa das Palais Lobkowitz, das Stadtpalais Liechtenstein und das Stadtpalais des Prinzen Eugen. Herausragende Beispiele der nach 1683 entstandenen Gartenpaläste sind das 1697 nach Plänen von Johann Lukas von Hildebrandt begonnene und von dem Vater und Sohn Fischer von Erlach vollendete Palais Schwarzenberg und das Belvedere des Prinzen Eugen. Mit ihm schuf der erfolgreiche Feldherr, Diplomat, Kunstsammler und Mäzen eine Garten- und Schloßanlage, die sich selbstbewußt dem Kaiserhof an die Seite stellt. Das Belvedere ist das Hauptwerk Johann Lukas von Hildebrandts, eine geniale Schöpfung, in der sich Sommerwohnpalais,

Park und Festpalast in größter Harmonie vereinen. An der prachtvollen Innenausstattung haben die besten Stukkateure und Freskanten Wiens mitgewirkt. Ganz im Sinne des kunstsinnigen Prinzen von Savoyen beherbergt das Belvedere heute das österreichische Barockmuseum und das Museum für österreichische Kunst des 19. und 20. Jahrhunderts.

Höhepunkt der sakralen Baukunst dieser Epoche ist die Karlskirche. Mit ihrer Errichtung löste Kaiser Karl VI. ein Gelübde aus dem Pestjahr 1713 ein. 1716 begann Johann Bernhard Fischer von Erlach mit dem Bau, den sein Sohn Joseph Emanuel 1739 vollendete. Doch das Gelübde des Kaisers war nur der Anlaß zu dem Kirchenplan. Entstanden ist eine symbolträchtige Verherrlichung des Kaisertums von Gottes Gnaden, die sich stilistischer Anleihen bei klassischen Bauten Athens, Roms und Konstantinopels bedient. Die Karlskirche ist salomonischer Tempel und Gotteshaus zugleich, gipfelnd in der mächtigen Kuppel, deren Inneres ein Fresko zur Verherrlichung des hl. Karl Borromäus, des Namenspatrons des Kaisers, dominiert.

Kaiserin Maria Theresias Haupt- und Familienwohnort

Kennzeichnend für das Ende des »heroischen Zeitalters« in Wien ist die Verwandlung des zwischen 1695 und 1713 nach Plänen von Johann Bernhard Fischer von Erlach errichteten Lust- und Gartenschlosses Schönbrunn zur Haupt- und Familienresidenz Maria Theresias und ihres Gemahls, Franz Stephan von Lothringen. Maria Theresia hat, in Abkehr von der übersteigerten Außengestaltung der Bauwerke ihres Vaters, Karls VI., dem Schloß Schönbrunn zwar mit der Großen und Kleinen Galerie ein neues, repräsentatives Zentrum gegeben,

In Schönbrunns Wagenburg sind historische Prunk- und Gebrauchswagen des Wiener Hofs aus der Zeit des Barock, Rokoko und Biedermeiers sowie kunstvolles Reitzeug ausgestellt.

Miterbauer des Wiener Burgtheaters war »Kaiserforum«-Erfinder Gottfried Semper, der auch am Kunsthistorischen und Naturhistorischen Museum sowie der Neuen Hofburg mitwirkte.

dessen Wirkung sich aber mehr im Inneren als im Äußeren entfaltet. Sind diese Repräsentationsräume mit den allegorischen Deckenfresken, die das milde Regiment der Kaiserin sowie die Kronländer und ihre Reichtümer darstellen, noch von einer schweren Pracht, so entfaltet sich in den Privatgemächern des Schlosses eine bereits das Biedermeier ankündigende Intimität, die den Höhepunkt des Rokoko wienerischer Ausprägung darstellt. Auch die 1773 begonnene Umgestaltung des Schloßparks setzt zwar mit Neptunbrunnen und der Gloriette repräsentative, aber doch weniger monumentale Höhepunkte.

Die Hofburg im Stadtzentrum erfuhr in der maria-theresianischen Zeit nur wenig Veränderungen. Erst das 19. Jahrhundert hat an ihr im großen Stil weitergebaut.

Die Napoleonischen Kriege brachten

Unter der 1618 gestifteten Kapuzinerkirche befindet sich die Kaisergruft, die letzte Ruhestätte der Angehörigen des Hauses Habsburg; hier der Sarkophag von Kaiserin Maria Theresia.

für Wien große Umwälzungen, die auch in der Stadtgestalt ihren Niederschlag fanden. 1806 endete mit der Niederlegung der Krone des Heiligen Römischen Reiches Deutscher Nation die Zeit Wiens als Hauptstadt des Reiches. Bestehen blieb die Funktion als Residenzstadt des Österreichischen Kaiserreiches. Nur noch einmal kehrte der Glanz der großen Welt in die Stadt zurück, zu der Zeit, als 1814/15 der »Wiener Kongreß« tagte, der nach dem Sturz Napoleons die Neuordnung Europas beschließen sollte.

Das biedermeierliche Bürgertum nutzte den Freiraum als Promendade

Napoleon hatte 1809 bei seinem Abzug aus Wien einen Teil der Festungsanlagen sprengen lassen, die immer noch in weitem Kreis die innere Stadt umschlossen und sie von den Vorstädten trennte. Das biedermeierliche Bürgertum benutzte sie seit 1817 als Promenade; Volksgarten und Kaisergarten entstanden. 1857 bewilligte Kaiser Franz Joseph I. die endgültige Schleifung der Basteien. Dies ist die Geburtsstunde von Wiens berühmter Ringstraße. Zwischen ihr und der Alten Hofburg sollte nach einem Plan Gottfried Sempers ein neues »Kaiserforum« entstehen, von dem aber bis 1913 nur ein Seitenflügel, die Neue Hofburg, verwirklicht wurde.

Opulente, repräsentative Gebäude prägen die großartige Ringstraße

Seine Fortsetzung fand das Kaiserforum in den repräsentativen Bauten des Naturhistorischen Museums und des Kunsthistorischen Museums. Sie bilden, vom Heldenplatz vor der Neuen Hofburg aus gesehen, den Auftakt zu der großartigen Ringstraße, an deren Wohn- und öffentlichen Bauten bedeutende Architekten aus ganz Europa mitgewirkt haben. Innerhalb von nur 30 Jahren haben sie zwischen 1858 und 1888 die Ringstraße zu einer der größten städtebaulichen Leistungen der Neuzeit gemacht.
Vor allem vom Burgring zum Lueger-Ring reihen sich an die Hofmuseen mit dem Justizpalast, dem Parlament, dem Rathaus, der Universität und der Votivkirche Monumentalbauten, die exemplarisch für den Historismus stehen und als Ensemble zusammen mit der Gestaltung von Alleen und Gärten ein Gesamtkunstwerk bilden.

Budapest schmälerte die Bedeutung von Wien

Dabei fiel in die Zeit der Errichtung der Ringstraße schon der Niedergang des Österreichischen Kaiserreiches. Der Ausgleich mit Ungarn in der Dezemberverfassung von 1867 führte zum Ausbau Budapests als zweiter Residenzstadt und schmälerte die Bedeutung Wiens, auch wenn es weiterhin Hauptstadt blieb.
Abschluß einer Fahrt, die von Frankfurts Kaiserdom, der Wahl- und Krönungskirche der Habsburger, ausging, ist die Reverenz vor diesem Kaiserhaus in seiner Grablege, der Kaisergruft unter der Kapuzinerkirche. Diese Gruft ist nicht nur ein kulturgeschichtliches Denkmal ersten Ranges. Die dort aufgestellten Sarkophage atmen bis heute den Geist der Zeit, in der die Herrscher gelebt haben und deren Spuren der Reisende auf der Straße der Kaiser und Könige von Frankfurt bis hierher auf Straßen und Flüssen gefolgt ist.

An der Ringstraße liegt das 1873/83 für den Reichsrat der österreichisch-ungarischen Monarchie erbaute Parlament, in dem seit 1918 der National- und Bundesrat sitzt.

HAGEN
Iserlohn
Arnsbg.
Brilon
KASSEL
Sauerland
Meschede
Lüdenschd.
Gummersbach
Olpe
SIEGEN
Waldbröl
Marburg (L.)
Gießen
Wetzlar
Neuwied
KOBLENZ
Westerwald
Taunus
WIESBADEN
FRANKFURT a.M.
Hanau
OFFENB.(M.)
MAINZ
DARMSTADT
Aschaffenburg
Spessart
Fulda
Vogelsberg
Rhön
Korbach
Melsungen
Bebra
Eisenach
Gotha
ERFURT
Weimar
Jena
GERA
ZWICKAU
LEIPZI
Thüringer Wald
Meiningen
Suhl
Coburg
Hof
Plauen
Fichtelgebirge
Bayreuth
Kulmbach
Bamberg
Schweinfurt
WÜRZBG.
Unterfranken
Oberfranken
Steigerwald
ERLANGEN
FÜRTH
NÜRNBERG
Mittelfranken
Oberpfalz
Amberg
REGENSBURG
Schwabach
Neumarkt i.d.O.
Ansbach
Ingolstadt
Landshut
Odenwald
Worms
LUDWIGSH.a.Rh.
MANNHEIM
HEIDELBG.
KAISERSLAUTERN
Neustadt a.d.W.
Speyer
Pirmasens
Landau i.d.Pf.
KARLSRUHE
Bruchsal
HEILBRONN
Schwäbisch Hall
Ludwigsbg.
PFORZHM.
STUTTGART
Esslgn. a.N.
Göppingen
Schw. Gmünd
Aalen
Heidenhm. a.d.Br.
Nördlingen
Donauwörth
Baden-Baden
Rastatt
Offenburg
STRASBOURG
Tübingen
Reutlgn.
Ulm
Neu-Ulm
AUGSBURG
MÜNCHEN
Freising
Dachau
Fürstenfeldbruck
Starnbg.
Landsbg. a.L.
Memmingen
Kaufbeuren
Kempten (A.)
Füssen
Garm.-Partenkchn.
Lindau (B.)
Bregenz
Friedrichshafen
Konstanz
Ravensburg
Biberach a.d.R.
Sigmaringen
Albstadt
Villingen-Schwenningen
Donaueschgn.
FREIBURG i.Br.
Schwäbische Alb
Schwarzwald
Bodensee
Schaffhsn.
Winterthur
ZÜRICH
St.Gallen
Luzern
Vaduz
LIECHT.
Feldkirch
Bludenz
Dornbirn
Landeck
INNSBRUCK
Kufstein
Wörgl
Kitzbühel
Telfs
Imst
Zugspitze
Allgäuer Alpen
Lechtaler Alpen
Oberbayern
Bayerische Alpen
Rosenheim
Bad Tölz
Wolfratshsn.
Ammersee
Tegernsee
Chiemsee

DRESDEN
Chemnitz
Görlitz
Bautzen
Niesky
Kamenz
Riesa
Großenhain
Meißen
Döbeln
Freiberg
Pirna
Sebnitz
Děčín
Ústí n.L.
Teplice
Most
Chomutov
Kadaň
Litoměřice
Lovosice
Terezín
Liberec
Jablonec n.N.
Jelenia Góra
Bolesławiec
Legnica
WROCŁAW
Wałbrzych
Świdnica
Opole
Brzeg
Oława
Nysa
Kłodzko
Trutnov
Náchod
Hradec Králové
Pardubice
Jičín
Mladá Boleslav
Mělník
Kladno
PRAHA
Beroun
Kolín
Kutná Hora
Čáslav
Chrudim
Litomyšl
Karlovy Vary
Plzeň
Rokycany
Příbram
Benešov
Tábor
Jihlava
Pelhřimov
Písek
Strakonice
Klatovy
Domažlice
Sušice
Vimperk
Č.Budějovice
Č.Krumlov
Jindřichův Hradec
Telč
Třebíč
Znojmo
BRNO
Olomouc
Prostějov
Přerov
Kroměříž
Zlín
Hodonín
Břeclav
Mikulov
Hranice
Šumperk
Jeseník
Krnov
Bruntál
Passau
Regen
Deggendorf
Vilshofen
Landau a.d.I.
Freistadt
LINZ
Wels
Steyr
Enns
Amstetten
Melk
St. Pölten
Krems
Tulln
Stockerau
WIEN
Schwechat
Baden
Wr. Neustadt
BRATISLAVA
Malacky
Senec
Mosonmagyaróvár
Győr
Sopron
Kőszeg
Szombathely
Güssing
Fürstenfeld
GRAZ
Köflach
Leoben
Bruck a.d.M.
Kapfenberg
Mürzzuschlag
Mariazell
Judenburg
Knittelfeld
Murau
Tamsweg
Radstadt
Schladming
Liezen
Bischofshofen
Zell a.S.
Badgastein
SALZBURG
Hallein
Bad Ischl
Gmunden
Vöcklabruck
Braunau
Ried i.I.
Mondsee
Traunstein
Berchtesgaden
Reichenhall
Freilassing
Niedere Tauern
Österreichische Alpen
Waldviertel
Weinviertel
Böhmerwald

Informationsadressen

Aschaffenburg
Tourist-Information
Schloßplatz,
D-8750 Aschaffenburg

Bamberg
Fremdenverkehrsamt der Stadt
Geyerswörthstraße 3
D-8600 Bamberg

Bayern
Landesfremdenverkehrsverband
Bayern e.V.
Prinzregentenstraße 18
D-8000 München 22

DDSG Wien
Handelskai 265
A-1021 Wien

Frankfurt
Verkehrsamt
Postfach 1 02 21
D-6000 Frankfurt/Main 1

Franken
Fremdenverkehrsverband Franken
Am Plärrer 14
D-8500 Nürnberg 80

FPS Fränkische Personenschiffahrt
Juliuspromenade 1a
D-8700 Würzburg

Linz
Städtisches Fremdenverkehrsbüro
Hauptplatz 34
A-4010 Linz

Niederösterreich
NÖ-Fremdenverkehrswerbung
Hoher Markt 3/7/705
A-1014 Wien

Nürnberg
Congress- und Tourismus-Zentrale
Frauentorgraben 3
D-8500 Nürnberg

Oberösterreich
Landesverband für Tourismus
Schillerstraße 50
A-4010 Linz

Ostbayern
Fremdenverkehrsverband Ostbayern
Landshuter Straße 13
D-8400 Regensburg

Passau
Fremdenverkehrsverein Passau
Rathausplatz 3
D-8390 Passau

Regensburg
Fremdenverkehrsamt der Stadt
Altes Rathaus
D-8400 Regensburg

Wien
Wiener Fremdenverkehrsverband
Obere Augartenstraße 40
A-1025 Wien

Würzburg
Fremdenverkehrsamt im Falkenhaus
und Würzburg-Palais am CCW
D-8700 Würzburg

Wurm + Köck
Donau-Schiffahrtsgesellschaft
Höllgasse 26
D-8390 Passau

Deutsche Kaiser und Könige des Alten Reichs

Karolinger	
Karl d. Große	768–814
Ludwig d. Fromme	814–840
Ludwig d. Deutsche	840–876
Karl III.	876–887
Arnulf v. Kärnten	887–899
Ludwig d. Kind	900–911
Konrad I.	911–918
Ottonen und Salier	
Heinrich I.	919–936
Otto I. d. Große	936–973
Otto II.	973–983
Otto III.	983–1002
Heinrich II.	1002–1024
Konrad II.	1024–1039
Heinrich III.	1039–1056
Heinrich IV.	1056–1106
Heinrich V.	1106–1125
Lothar v. Supplinburg	1125–1137
Staufer und Welfen	
Konrad III.	1138–1152
Friedrich I. Barbarossa	1152–1190
Heinrich VI.	1190–1197
Philipp v. Schwaben	1198–1208
Otto IV.	1198–1215
Friedrich II.	1215–1250
Luxemburger und Habsburger	
Rudolf v. Habsburg	1273–1291
(Adolf v. Nassau	1292–1298)
Albrecht I.	1298–1308
Heinrich VII.	1308–1313
(Ludwig d. Bayer, Haus Wittelsbach	1314–1347)
Friedrich d. Schöne	1314–1330
Karl IV.	1347–1378
Wenzel	1378–1400
(Ruprecht v. d. Pfalz	1400–1410)
Sigismund	1410–1437
Albrecht II.	1438–1439
Friedrich III.	1440–1493
Maximilian I.	1493–1519
Karl V.	1519–1556
Ferdinand I.	1556–1564
Maximilian II.	1564–1576
Rudolf II.	1576–1612
Matthias	1612–1619
Ferdinand II.	1619–1637
Ferdinand III.	1637–1657
Leopold I.	1658–1705

Joseph I.	1705–1711
Karl VI.	1711–1740
(Karl VII. Albrecht v. Bayern	1742–1745)
Franz I. Stephan	1745–1765
Joseph II.	1765–1790
Leopold II.	1790–1792
Franz II.	1792–1806

Die österreichischen Kaiser

Franz I.	1804–1835
Ferdinand I.	1835–1848
Franz Joseph I.	1848–1916
Karl I.	1916–1918

Literatur

Handbuch der historischen Stätten Deutschlands, Bd. VII Bayern. 3. Aufl. Kröner 1961

Handbuch der historischen Stätten Österreichs, Bd. I, Donauländer und Burgenland. Kröner 1985

HB-Bildatlas Nr. 23, Odenwald, Spessart, HB Verlag

HB-Bildatlas Nr. 36, Niederbayern, Hallertau, HB Verlag

HB-Bildatlas Nr. 50, Mainfranken, Steigerwald, Haßberge, HB Verlag

HB-Bildatlas Nr. 54, Wien, HB Verlag

HB-Bildatlas Nr. 65, Frankfurt, HB Verlag

HB-Bildatlas Nr. 75, Altmühltal, HB Verlag

HB-Bildatlas Nr. 86, Bayerischer Wald, HB Verlag

HB-Bildatlas Nr. 95, Oberpfalz, Regensburg, HB Verlag

HB-Kunstführer No. 1, Würzburg und Mainfranken, HB Verlag

HB-Kunstführer No. 17, Bamberg, Fränkische Schweiz, HB Verlag

HB-Kunstführer No. 24, Passau und der Bayerische Wald, HB Verlag

HB-Kunstführer No. 37, Nürnberg, Nürnberger Land, HB Verlag

Berndt, Helmut
Die Nibelungen. Auf den Spuren eines sagenhaften Volkes. 2. Aufl., Bastei-Lübbe-Taschenbuch Bd. 64 037, Lübbe 1987

Czeike, Felix, Walter Brauneis
Wien und Umgebung. 11. Aufl. DuMont 1990

Dehio, Georg
Handbuch der Deutschen Kunstdenkmäler, Deutscher Kunstverlag
- Hessen: 2. Aufl. 1982
- Bayern I: Franken 1979
- Bayern II: Niederbayern 1989
- Bayern V: Regensburg und die Oberpfalz 1991

Dehio-Handbuch.
Die Kunstdenkmäler Österreichs, Schroll
- Oberösterreich: 6. Auflage 1977
- Niederösterreich nördlich der Donau 1990

Dettelbacher, Werner
Oberpfalz, Bayerischer Wald, Niederbayern, DuMont 1980

Dettelbacher, Werner
Salzburg, Salzkammergut, Oberösterreich, 7. Aufl., DuMont

Dettelbacher, Werner
Franken, 16. Aufl., DuMont 1990

Eppel, Franz
Die Wachau. Nibelungen- und Strudengau, 3. Aufl., St. Peter 1975 (Österreichische Kunstmonographie Bd. II)

Franz Prinz zu Sayn-Wittgenstein
Der Main. Von den Quellen bis zur Mündung, 2. Aufl., Prestel 1977

Greipl, Egon Johannes
Macht und Pracht. Die Geschichte der Residenzen in Franken, Schwaben und Altbayern, Pustet 1991

Reclams Kunstführer
- Deutschland I, 1. Bayern Süd. 9. Aufl. 1983
- Deutschland I, 2. Bayern Nord. 9. Aufl. 1983
- Österreich I. Wien. Niederösterreich. Oberösterreich. Burgenland. 5. Aufl., 1981

Ortsregister

Autor

Dr. Bernd Meyer studierte Philosophie, Literaturwissenschaft und Kunstgeschichte in Erlangen und Edinburgh. Von 1973 bis 1992 war er Kultur- und Fremdenverkehrsdezernent in Regensburg und ist jetzt Kulturdezernent des Deutschen Städtetages in Köln. Gern unternimmt er kunst- und kulturgeschichtliche Reisen.

Bildnachweis

HB-Bildarchiv (89), Wilkin Spitta (47), Fasching (FVV Wachau) (2), Klaus Meier-Ude (2), Archiv für Kunst und Geschichte (1), Bibliotheque Nationale, Paris (1), Giraudon, Paris (1), Marktgemeinde Weißkirchen (1), Rhein-Main-Donau AG, München (1), Udo Scheller (1), Schifffahrtsmuseum, Spitz (1), Stadtamt Tulln (1), Stadtgemeinde Traismauer (1).

Karte: RV Reise- und Verkehrsverlag GmbH, Stuttgart

Impressum

Geschäftsführer: Kurt Bortz, Dr. Joachim Dreyer, Eike Schmidt
Produktion und Redaktion:
Harksheider Verlagsgesellschaft mbH, Fabersweg 1, Postfach 52 49, 2000 Norderstedt, Telefon (040) 5 28 86 20, Telefax (040) 5 23 40 56
Redaktion (verantwortlich):
Ulrike Klugmann
Grafische Gestaltung:
Gerhard Keim, Frankfurt/Main

Anzeigenalleinverkauf:
KV Kommunalverlag GmbH, Arabellastraße 4/XII, Postfach 81 05 65, 8000 München 81, Tel. (089) 92 80 96-30, Fax (089) 92 80 96-20, Teletex 17898397 kornver

Vertrieb Zeitschriftenhandel:
PARTNER PRESSE VERTRIEB GMBH, Widmaierstr. 110, 7000 Stuttgart 80, Fax (07 11) 7 28 84 10, Telex 7 255 949
Vertrieb Abonnement und Einzelhefte: ZENIT PRESSE-VERTRIEB GMBH, Widmaierstr. 110, 7000 Stuttgart 80, Tel. (07 11) 7 20 05-97, ab 1993: 07 11/7 25 21 97, Fax (07 11) 7 28 84 10, Telex 7 255 949
Vertrieb Buchhandel: GeoCenter Verlagsvertrieb GmbH, Neumarkter Straße 18, 8000 München 80, Tel. (089) 43 18 90, Fax (089) 4 31 28 37, Telex 5 23 259

Satz: Lübecker Fotosatz GmbH, Lübeck
Reproduktionen: Otterbach Repro GmbH & Co., Rastatt
Druck: E. Schwend GmbH, Schwäbisch-Hall
Gedruckt auf chlorfrei gebleichtem Papier
Printed in Germany
ISBN 3-616-06734-0